DISCLAIMER

The author and publisher are providing this book and its contents on an "as is" basis and make no representations or warranties of any kind with respect to this book or its contents. The author and publisher disclaim all such representations and warranties, including but not limited to warranties of merchantability. In addition, the author and publisher do not represent or warrant that the information accessible via this book is accurate, complete, or current.

Except as specifically stated in this book, neither the author nor publisher, nor any authors, contributors, or other representatives will be liable for damages arising out of or in connection with the use of this book. This is a comprehensive limitation of liability that applies to all damages of any kind, including (without limitation) compensatory; direct, indirect, or consequential damages; loss of data, income, or profit; loss of or damage to property; and claims of third parties.

Copyright © 2022 LINGUAS CLASSICS

BESTACTIVITYBOOKS.COM

All rights reserved. No part of this book may be reproduced or used in any manner without the written permission of the copyright owner except for the use of quotations in a book review.

FIRST EDITION - Published 2022

Extra Graphic Material From: www.freepik.com
Thanks to: Alekksall, Starline, Pch.vector, Rawpixel.com, Vectorpocket, Dgim-studio, Upklyak, Macrovector, Stockgiu, Pikisuperstar & Freepik.com Designers

This Book Comes With Free Bonus Puzzles
Available Here:

BestActivityBooks.com/WSBONUS20

5 TIPS TO START!

1) HOW TO SOLVE

The Puzzles are in a Classic Format:

- Words are hidden without breaks (no spaces, dashes, ...)
- Orientation: Forward & Backward, Up & Down or in Diagonal (can be in both directions)
- Words can overlap or cross each other

2) ACTIVE LEARNING

To encourage learning actively, a space is provided next to each word to write down the translation. The **DICTIONARY** allows you to verify and expand your knowledge. You can look up and write down each translation, find the words in the Puzzle then add them to your vocabulary!

3) TAG YOUR WORDS

Have you tried using a tag system? For example, you could mark the words which have been difficult to find with a cross, the ones you loved with a star, new words with a triangle, rare words with a diamond and so on...

4) ORGANIZE YOUR LEARNING

We also offer a convenient **NOTEBOOK** at the end of this edition. Whether on vacation, travelling or at home, you can easily organize your new knowledge without needing a second notebook!

5) FINISHED?

Go to the bonus section: **MONSTER CHALLENGE** to find a free game offered at the end of this edition!

Want more fun and learning activities? It's **Fast and Simple!**
An entire Game Book Collection just **one click away!**

Find your next challenge at:

BestActivityBooks.com/MyNextWordSearch

Ready, Set... Go!

Did you know there are around 7,000 different languages in the world? Words are precious.

We love languages and have been working hard to make the highest quality books for you. Our ingredients?

A selection of indispensable learning themes, three big slices of fun, then we add a spoonful of difficult words and a pinch of rare ones. We serve them up with care and a maximum of delight so you can solve the best word games and have fun learning!

Your feedback is essential. You can be an active participant in the success of this book by leaving us a review. Tell us what you liked most in this edition!

Here is a short link which will take you to your order page.

BestBooksActivity.com/Review50

Thanks for your help and enjoy the Game!

Linguas Classics Team

1 - Antiques

```
P O R F G U R P D C I G F I
R S T M A N D O H A T X R K
E E S N L B S X O L L E V J
Z S É S E W O A B I M T B J
O C C H R M V F K D O N R M
C U U C Í A I Y A A E A R O
I L L A A W T T H D D G P B
T T O R O L A V S E A E T I
N U L T I A R B A E S L R L
É R I E Q F O S I N V E D I
T A T J S Q C H O R Z N Q A
U U S D F Y E D X F A O I R
A X E H S A D A C É D R A I
R E S T A U R A C I Ó N A O
```

ARTE
POXA
AUTÉNTICO
SÉCULO
MOEDAS
DÉCADAS
DECORATIVOS
ELEGANTE
MOBILIARIO
GALERÍA
INVESTIMENTO
XOIAS
VELLO
PREZO
CALIDADE
RESTAURACIÓN
ESCULTURA
ESTILO
RARA
VALOR

2 - Food #1

```
E Q D J M E T E U H A C A C
C N Ú T A R S P E R A M T A
F E S H W C P P L E I T E O
Z O B A N U P B I K L U Y M
D A O O L Z R I C N M A Y R
Z U M E L A S L A Ó A P O S
H Q S P D A D E N M I C Q R
A L L O C C D A E I R F A F
Q V R X E A F B L L O X Z H
C R A F B H X H A Q N S I W
T T C D A A V F K O E T M C
V B R H D B O Q J Q C X Z N
D X B N A L A M O R O D O Q
C G O R P A M D O N H W E I
```

CEBADA
ALBAHACA
CENORIA
CANELA
ALLO
ZUME
LIMÓN
LEITE
CEBOLA
CACAHUETE
PERA
ENSALADA
SAL
SOPA
ESPINACA
AMORODO
AZUCRE
ATÚN
NABO

3 - Measurements

```
P L G V O R T E M Ó L I U Q
R U R M O N O O R T E M B H
O T A F A L T B N B Y T E G
F M M Z J E U E W E R S L Y
U Z E G N F N M M P L P Q G
N P E S O O I G E U D A S D
D G R A O H M J D L E A D E
I D I R T R I E U G C N K A
D K C C Q Z S M T A I C T H
A K S Y Y M A L I D M H L P
D A L T U R A I X A A O T Q
E T E W R Q S T N S L N Y N
Z A I S P T N R O C Q V X G
B A O M A R G O L I U Q U K
```

BYTE
DECIMAL
GRAO
PROFUNDIDADE
GRAM
ALTURA
PULGADAS
QUILOGRAMO
QUILÓMETRO
LONXITUDE

LITRO
MISA
METRO
MINUTO
ONZA
TONELADA
VOLUME
PESO
ANCHO

4 - Farm #2

```
P H A G R I C U L T O R L P
S A Ó G U L O B L T L N E R
I V T R W D M X B Y L D I A
A T I O R F O S B U I I T D
M G L A T E X E V M M P E O
I G W P G X O T H J Z F G Q
N H N H S H O R T O O U U A
A W E M E P K T R A C T O R
A L I M E N T O S R G S G I
P A S T O R T L B U P E I E
C O R D E I R O N D W R R M
E U B M R Z T V M A L V T L
K T O C Z A P N J M P T N O
U A O V E L L A D A B E C C
```

ANIMAIS
CEBADA
HÓRREO
COLMEIRA
MILLO
PATO
AGRICULTOR
ALIMENTOS
FROITA
REGA
CORDEIRO
PRADO
LEITE
HORTO
MADURA
OVELLA
PASTOR
TRACTOR
VEXETAL
TRIGO

5 - Books

```
C T C O L E C C I Ó N V K E
C O R H U M Ó T I C O S A Z
K N N Á R E L E V A N T E Z
I P F T X É P I C O K W H W
N H F B E I A V E N T U R A
P U E Z O X C L B A U T O R
L E C T O R T O A E B R Y Z
O B Z A Í S E O P C R W E C
D U A L I D A D E T R J T O
P G L N H I S T Ó R I C O N
O Z E O I R A R E T I L M T
E G V B E X A N O S R E P O
M G O U R K Á E S C R I T O
A G N N O L B P G O V Q I I
```

AVENTURA
AUTOR
PERSONAXE
COLECCIÓN
CONTEXTO
DUALIDADE
ÉPICO
HISTÓRICO
HUMÓTICOS
LITERARIO

NOVELA
PÁXINA
POEMA
POESÍA
LECTOR
RELEVANTE
CONTO
TRÁXICO
ESCRITO

6 - Meditation

```
P E N S A M E N T O S M R J
E G C L A R I D A D E E H T
B S R X K J T A U Z N N Á S
X O P A Z E R U T A N T B I
Z F N E T A F K E P Ó A I L
N M Q D R I N D X I I L T E
J E P G A T T W U G C M O N
A N F E W D O U A H A Ú S C
M T S H F M E Q D L R S Y I
L E S N Ó I C O M E I I Z O
A C E P T A C I Ó N P C J Q
C A P R E N D E R B S A P Z
A T E N C I Ó N M A E A J U
F E L I C I D A D E R V J P
```

ACEPTACIÓN
ATENCIÓN
ESPERTO
RESPIRACIÓN
CALMA
CLARIDADE
EMOCIÓNS
GRATITUDE
HÁBITOS
FELICIDADE

BONDADE
MENTAL
MENTE
MÚSICA
NATUREZA
PAZ
SILENCIO
PENSAMENTOS
APRENDER

7 - Days and Months

```
M U C U C R M O B F D B Q A
F A U I P A N A M E S E M M
G U R J R P L X O V E S H F
C V X T W Z S E R O C R É M
R E T O E J L L N Y V I L J
A N X O T S F S P D M S U P
N R Q I V X U L L O A O N D
O E X A N E I R O G A R S J
U S A B R I L C O N G I I E
T S E T E M B R O I O E M O
U S Á B A D O O Z M S R X R
B K C I V Y O K R O T B Q W
R A N O D P X I A D O E B N
O R B M E V O N M K E F V H
```

ABRIL
AGOSTO
CALENDARIO
FEBREIRO
VENRES
XANEIRO
XULLO
MARZO
LUNS
MES
NOVEMBRO
OUTUBRO
SÁBADO
SETEMBRO
DOMINGO
XOVES
MARTES
MÉRCORES
SEMANA
ANO

8 - Energy

F	I	N	D	U	S	T	R	I	A	C	A	C	C
O	F	Ó	V	S	S	S	O	A	N	O	G	O	A
T	U	R	N	W	R	E	L	G	I	N	M	M	R
Ó	V	T	X	R	F	L	A	U	B	T	T	B	B
N	J	C	M	A	Y	B	C	N	R	A	E	U	O
J	R	E	A	Y	D	A	T	U	U	M	L	S	N
V	Q	L	N	O	N	V	A	C	T	I	É	T	O
W	A	E	Z	B	A	O	J	L	S	N	C	I	B
A	Í	P	O	R	T	N	E	E	S	A	T	B	A
M	C	B	O	N	D	E	F	A	O	C	R	L	T
W	O	N	K	R	X	R	E	R	L	I	I	E	E
O	S	T	D	I	E	S	E	L	W	Ó	C	F	R
Z	W	L	O	V	E	N	T	O	D	N	O	C	Í
F	T	R	X	R	G	A	S	O	L	I	N	A	A

BATERÍA
CARBONO
DIESEL
ELÉCTRICO
ELECTRÓN
ENTROPÍA
COMBUSTIBLE
GASOLINA
CALOR
INDUSTRIA

MOTOR
NUCLEAR
FOTÓN
CONTAMINACIÓN
RENOVABLES
VAPOR
SOL
TURBINA
VENTO

9 - Chess

```
W T A W K S R A J A Q E C T
M C F E T N E N O P O S A E
X O G O O I H A P R S T M V
P S E S R H C K M E R R P U
O I Q P N O R G E N U A I R
K Q F U E C D L T D C T Ó E
K I G Z O N R A D E N E N G
P A S I V A E N G R O X N R
K Ñ O L A R I O D O C I O A
C Í T Z X B L G J J X A H S
S A E Y Z L D A J W U A Y I
S R R E R L U I N A T M J J
X G F B X H A D U S K O C M
B C M Y U Z F N W R S W J F
```

NEGRO
RETOS
CAMPIÓN
CONCURSO
DIAGONAL
XOGO
REI
OPONENTE
PASIVA

XOGADOR
RAÍÑA
REGRAS
ESTRATEXIA
TEMPO
APRENDER
TORNEO
BRANCO

10 - Archeology

```
A R E R C A Q G S E E R I C
A V I N B N T S T S Q E I U
E N A H D M L G K Q U L X C
O X T L I S Ó F B U I I B I
B D P I I O S O S E P Q V V
C D K E G A W Y R C O U W I
H E Q O R Ü C B G I P I G L
S I K N M T I I J D D A T I
A B D U V O O D Ó O O T E Z
M I S T E R I O A N W B M A
Q O B X E C T O S D W M P C
P E T N E D N E C S E D L I
F R A G M E N T O S F I O Ó
A N Á L I S E T U M B A X N
```

ANÁLISE
ANTIGÜIDADE
OSOS
CIVILIZACIÓN
DESCENDENTE
ERA
AVALIACIÓN
EXPERTO
ESQUECIDO
FÓSIL
FRAGMENTOS
MISTERIO
OBXECTOS
RELIQUIA
EQUIPO
TEMPLO
TUMBA

11 - Food #2

```
B K C B U V A P U X W C X A
E I H A R E K N A G Q O X P
R W O E L Ó F H D R U G O I
E I C S W C C A C F W U G O
N Z O R R A A O S H L M T G
X E L B Y S E C L C P E V I
E Z A J J B Z G H I Y L O R
N G T J K L H N Y O S O V T
A W E A O G Y P C N F C O T
P L Á T A N O O V A I A X Q
I V Z L A Ó L L Q U E I X O
J P A T E M B O O P O L P U
G D M H Z A O C E R E I X A
P B Y T B X I T P E I X E E
```

MAZÁ
ALCACHOFA
PLÁTANO
BRÓCOLIS
APIO
QUEIXO
CEREIXA
POLO
CHOCOLATE
OVO

BERENXENA
PEIXE
UVA
XAMÓN
KIWI
COGUMELO
ARROZ
TOMATE
TRIGO
IOGUR

12 - Chemistry

```
A C O N E X Í S O P Q A N G
T A R O L A C W D E I S U F
Ó T G I T A W O I S K D C X
M A Á A E Z S R C O W T L M
I L N L M M H L Á L N N E O
C I I C P G A T L O O Ó A L
A Z C A E O A L Í W N R R É
U A A L R Y G S Q E E T O C
B D K I A Q H U U V X C N U
O O M N T C D L I Z Ó E O L
O R I O U B Y Y D W R L B A
X N S V R L F C O U D E R L
E N V H A B P V P P I Q A Y
E N Z I M A G H G W H Z C N
```

ÁCIDO
ALCALINO
ATÓMICA
CARBONO
CATALIZADOR
CLORO
ELECTRÓN
ENZIMA
GAS
CALOR

HIDRÓXENO
ION
LÍQUIDO
MOLÉCULA
NUCLEAR
ORGÁNICA
OSÍXENO
SAL
TEMPERATURA
PESO

13 - Music

```
I N S T R U M E N T O X R N
E C L É C T I C O G R G I R
H A R M O N Í A L A O J T N
C A N T A N T E Í S C J M P
O H O C I N Ó M R A H K O B
H G A R U K N W I I Q X N Á
A C I M T Í R S C Ó Z D O L
M C L Á S I C O O P P D F B
U T I H Z M Ú S I C O E Ó U
S R A T N A C N T N Q J R M
I O O P É F B F R T M N C A
C T O M J O B A L A D A I B
A W M O S Q P H F D V V M Z
L D L C S R M E L O D Í A R
```

ÁLBUM
BALADA
CORO
CLÁSICO
ECLÉCTICO
HARMÓNICO
HARMONÍA
INSTRUMENTO
LÍRICO
MELODÍA
MICRÓFONO
MUSICAL
MÚSICO
ÓPERA
POÉTICA
RITMO
RÍTMICA
CANTAR
CANTANTE

14 - Family

```
N Q J X A Z K U J Y I C P M
E M O Z Í N N V G N A R A J
T P P S T F C U S A P K M C
O P A J H C P E T Í O U O Á
N O T M C N U J S L I E S V
E I E P U H W U O T F B Z P
N F R F I L L A N K R N A I
M D N K Y Y B I E B D A W H
E A A I C N A F N I G M L O
S W T Y L I R M Á N W M W M
P Z O E P R I M Á E D P K E
O B P B R S O B R I Ñ O W A
S B U A C N S O B R I Ñ A J
A A V Ó O K A S Q A C A G M
```

ANCESTRAL
TÍA
IRMÁN
NENO
INFANCIA
NENOS
PRIMÁ
FILLA
PAI
AVÓ

NETO
HOME
MATERNA
NAI
SOBRIÑO
SOBRIÑA
PATERNA
IRMÁ
TÍO
ESPOSA

15 - Farm #1

```
C A M P O B Q J C H F N C L
E I Q C P X U Y A A E T E G
O G Z O R R A R N Y R V R A
A D Z R Z X R P R M T A C T
R G V V P R B Q B O I C A O
S S R O X M A R E Ñ L A C L
M E L I R L C A C A I U Q A
V T W L C I W U E B Z X N B
P N T M G U L C R A A C F A
I E A U G A L N R R N K U C
O M F F B C P T O X T Q O E
V E P C X Q C O U U E I S P
B S H H A N B K L R A E N L
A B E L L A P D V O A W R G
```

AGRICULTURA
ABELLA
BECERRO
GATO
POLO
VACA
CORVO
CAN
BURRO
CERCA

FERTILIZANTE
CAMPO
RABAÑO
CABRA
HAY
MEL
CABALO
ARROZ
SEMENTES
AUGA

16 - Camping

```
O W J A E J M W D K E F L F
D P Q P O K O N N G L X U Z
S Á P M O C N T E N D A M D
E I M C V L T L D Q T F E S
I G A A X Ú A T E S X E C O
A N E M P A Ñ V R F L G P M
V C S R I A A A F D U F N B
E O Q E R N A T U R E Z A R
N R F U C L A G O Q P E H E
T D A Q K T Q X C V A H C I
U A B S E M O Z I Q I V A R
R V W O D I T R E V I D N O
A N I B A C A Z A J N H O E
B J Á R B O R E S K P Z A G
```

AVENTURA
ANIMAIS
CABINA
CANOA
COMPÁS
LUME
BOSQUE
DIVERTIDO
REDE
SOMBREIRO

CAZA
INSECTO
LAGO
MAPA
LÚA
MONTAÑA
NATUREZA
CORDA
TENDA
ÁRBORES

17 - Algebra

```
N Ó I S I V I D U Z P D B V
O Ú S I M P L I F I C A R G
M H M G R Á F I C O M B R H
Z D O E C A N T I D A D E F
F G Y H R E V L O S E R J K
E T N E N O P X E L I E P F
I S Ó F P S A L U M R Ó F U
N O I R R L R M R L O M V M
F L C A O A É D A E W E G A
I U A C B F N P J R S G H T
N C U C L C T X U Q G T U R
I I C I E E E G I D W A A I
T Ó E Ó M R S A E N T O I Z
O N J N A O E F A C T O R D
```

DIAGRAMA
DIVISIÓN
ECUACIÓN
EXPONENTE
FACTOR
FALSO
FÓRMULA
FRACCIÓN
GRÁFICO
INFINITO

MATRIZ
NÚMERO
PARÉNTESE
PROBLEMA
CANTIDADE
SIMPLIFICAR
SOLUCIÓN
RESOLVER
RESTA
CERO

18 - Numbers

```
K T D O Z W Q U I Z A F E D
E S E T E C O D T V E X R E
P U S I E S A Z E D K V E C
U O B O Z D T O G C Z D I
S D I A J E D G R Z N J O M
E P O Z V Z E R T E V O N A
C S K E C A Z D A C C Z U L
N I F D C S A N C R S E S Q
I E N U T E N H Z O L D N G
U S W C Y T O I Z T T R F T
Q F P M O E V L N A H I M R
E V I N T E E I Y C Z Z O E
O G P E A P B D O H A V J S
I A M O O E F A N B Y V F W
```

DECIMAL	SETE
OITO	DEZASETE
DEZAOITO	SEIS
QUINCE	DEZASEIS
CINCO	DEZ
CATRO	TRECE
CATORCE	TRES
NOVE	DOCE
DEZANOVE	VINTE
UN	DOUS

19 - Spices

```
E A A B T A A A N Í S F S N
N M L K P U A L O B E C A I
X A L A L E N A C N K M B N
E R O O F D C S G A Y J O O
B G I E S I G A P V Ç E R Z
R O J T F Q U T L U W U S M
E W X N D O T N E M I P Z O
D N M E Á X I A C D O C E S
F Y D D K R A L U H G N X C
C U R R Y G F P U G O C I A
O Q E Y U S P A P I R Ó N D
Y C Z A V Q K G Z V W Z N A
M C O M I Ñ O H X A X R R V
F M I V A I N I L L A D J W
```

ANÍS
AMARGO
PLANTA
CANELA
DENTE
COMIÑO
CURRY
FIUNCHO
SABOR
ALLO

ENXEBRE
ALCAÇUZ
NOZ MOSCADA
CEBOLA
PAPIRÓN
PIMENTO
AZAFRÁN
SAL
DOCE
VAINILLA

20 - Universe

```
L I E S A Ú L A O C A H E H
A N S O T C D A H Ó S O C E
T C C L M C E B R S T R U M
I L U S O E V O E M R I A I
T I R T S L X P D I O Z D S
U N I I F E Y O U C N O O F
D A D C E S I M T O O N R E
E R A I R T C O I S M T V R
N A D O A E P N X B Í E G I
Y V E A R E P O N I A E Q O
T O O A S T E R O I D E S A
G A L A X I A T L E U Z Y D
M F O I P O C S E L E T U T
Z O D I A C O A T I B R Ó H
```

ASTEROIDE
ASTRONOMO
ASTRONOMÍA
ATMOSFERA
CELESTE
CÓSMICO
ESCURIDADE
ECUADOR
GALAXIA
HEMISFERIO

HORIZONTE
LATITUDE
LONXITUDE
LÚA
ÓRBITA
CEO
SOLSTICIO
TELESCOPIO
INCLINAR
ZODIACO

21 - Mammals

```
O J L N Y E L E F A N T E F
N V S G Y V J J A W A S N N
O V E G O L F I Ñ O C H C R
M T G L N W T C A B A L O C
D C O C L J Z O X P M H S A
O P R E D A X A U N D E O S
S G I B G Q I B C R S U Q T
S A L R Y Y J O A V O Q T O
L T A A E X I K N Ó E L S R
H O C B K T I B G Z B U K P
W W S B U F O X U E A D O Z
X I R A F A P Y R I L D Z R
L O B O N N E S O I E C N D
C O E L L O P U U C A X M M
```

OSO
CASTOR
TOURO
GATO
COYOTE
CAN
GOLFIÑO
ELEFANTE
FOX
XIRAFA

GORILA
CABALO
CANGURO
LEÓN
MONO
COELLO
OVELLA
BALEA
LOBO
CEBRA

22 - Restaurant #1

```
A I M U P R T P A S L O B G
L N B Ú A E G O L E T I O C
E G Y S N S T R I W Z Q T I
R R W O O E Q D M U T B A L
X E C B L R M A E P C P R K
I D K R O V M C N A A N P Y
A I P E P A F L T R H N L R
Ñ E I M K O X Z O I Z F X W
I N C E W S P X S E L C Z E
C T A S C I S N G R X U H Y
O E N A A J A Y C A R N E E
C S T A F M L X D M M M O M
W Z E P É T S C L A Y L T B
W D E E X G A N E C T J G C
```

ALERXIA
BOLSA
PAN
CADRO
POLO
CAFÉ
SOBREMESA
ALIMENTOS
INGREDIENTES
COCIÑA

COITELO
CARNE
MENÚ
PANO
PRATO
RESERVA
SALSA
PICANTE
CAMAREIRA

23 - Bees

```
E Á S F F R O I T A E S A U
F C D X L F Z J A G E O L J
C M O I I O R L T D D L I B
X E W S J S R O L F A A M B
L F R P I M V E K M D E E A
M E L O O S B V S Y I M N C
Q K P L E R T M D I S S T I
U S Z E Y I W E C E R A O N
U B G N R L Y T M M E T S S
F U M E R A L N U A V N V E
X A R D Í N Í W K X I A T C
H Á B I T A T Ñ A N D L A T
Y M M L R I L M A E L P E O
P O L I N I Z A D O R N N Z
```

FLOR
DIVERSIDADE
ECOSISTEMA
FLORES
ALIMENTOS
FROITA
XARDÍN
HÁBITAT
MEL
INSECTO
PLANTAS
POLEN
POLINIZADOR
RAÍÑA
FUME
SOL
ENXAME
CERA
ÁS

24 - Photography

```
C O N T R A S T E W Y R E E
V A G H O O R I C B D E X S
A X J I C C B A M E T T P C
T E X T U R A X M U N R O U
B J C P H E C Q E Á G A S R
V I S U A L C K Q C C T I I
Q L V C Q F N D C U T O C D
C O M P O S I C I Ó N O I A
I I L U M I N A C I Ó N Ó D
P E R S P E C T I V A E N E
K F H T M A R C O N E G R O
D E F I N I C I Ó N Z K K P
F O R M A T O S O M B R A S
H O G H P V D X I W U E E
```

NEGRO
CÁMARA
COR
COMPOSICIÓN
CONTRASTE
ESCURIDADE
DEFINICIÓN
EXPOSICIÓN
FORMATO

MARCO
ILUMINACIÓN
OBXECTO
PERSPECTIVA
RETRATO
SOMBRAS
TEMA
TEXTURA
VISUAL

25 - Weather

```
W F X Q P I S G Z A T T C F
F A U E I Q T U Z T O R O Q
T T G R O A F E L N R O D C
R M G A A W N U B E N B A J
O O B T L C Q P T V A O S D
P S F N Y L Á V C F D W O N
I F S E Y E E N X T O V F É
C E K M D E T V V E N T O B
A R C R A I O W A M I L C O
L A E O C Q C P N D L E F A
B X O T E H E S G V O C P Y
E Q D H S V S C T Z G C W O
T E M P E R A T U R A L R H
P O L A R M O N Z Ó N B C A
```

ATMOSFERA
VENTA
CLIMA
NUBE
SECA
SECO
NÉBOA
FURACÁN
XEO
RAIO

MONZÓN
POLAR
ARCO DA VELLA
CEO
TORMENTA
TEMPERATURA
TROBO
TORNADO
TROPICAL
VENTO

26 - Adventure

```
P R E P A R A C I Ó N D Q S
A E E F I R X A R A M I M E
C N E B R E U L P G M F L G
T T D N G A L V B V G I W U
I U A Z E R U T A N H C B R
V S D F L A V A X R T U E I
I I I B A R V M A Z B L L D
D A N O W B E I I Q J T E A
A S U N V I P G V D O A Z D
D M T I S O S O T E R D A E
E O R T E E N S Q V E E N B
E T O S E X C U R S I Ó N O
U M P E R I G O S O S T H D
Q R O D N A V E G A C I Ó N
```

ACTIVIDADE
BELEZA
BRAVURA
RETOS
OPORTUNIDADE
PERIGOSO
DESTINO
DIFICULTADE
ENTUSIASMO
EXCURSIÓN
AMIGOS
ALEGRIA
NATUREZA
NAVEGACIÓN
NOVO
PREPARACIÓN
SEGURIDADE
VIAXA
RARA

27 - Sport

```
C U L A D E S T R A D O R T
U A T E I D K J C Z S Q N A
C H P P T X E A Z R O F Ó C
A O J A U N O M S I L C I C
A T R H C N T Z A T U D C X
C A L P U I E Z Ú L C M I W
I W A E O N D F D Y S O R N
L T R D T L I A E C Ú S T K
Ó F M D M A W Y D O M O U S
B P R O G R A M A E P S N G
A Y A B A I L E S E Y P R I
T O B X E C T I V O O F P T
E D E P O R T E S L K L C N
M A X I M I Z A R E R R O C
```

CAPACIDADE
ATLETA
CORPO
OSOS
ADESTRADOR
CICLISMO
BAILE
DIETA
OBXECTIVO

SAÚDE
CORRER
MAXIMIZAR
METABÓLICA
MÚSCULOS
NUTRICIÓN
PROGRAMA
DEPORTES
FORZA

28 - Circus

```
A P V S W M O S T R A G S W
C M J G P F C U V F R L Q G
R A M S V L Q I G A U O G C
O L Ú J R I K M A Q T B M B
B A S A N I M A I S R O O R
A B I D Ó Z T E P E A S N O
T A C N E S G R H I X Z O D
A R A E L L G E M E P A A
T I D T M A X I A V A C G T
R S M M C R B T O D I G F C
U T S P A L L A S O D D O E
C A K J A B R D C Y L U I P
O E S P E C T A C U L A R S
L I K D O C E T N A F E L E
```

ACROBATA
ANIMAIS
GLOBOS
DOCE
PALLASO
TRAXE
ELEFANTE
DIVERTIR
MALABARISTA
LEÓN

MAXIA
MAGO
MONO
MÚSICA
MOSTRA
ESPECTACULAR
ESPECTADOR
TENDA
TIGRE
TRUCO

29 - Restaurant #2

```
E P O S T C Q H X V Q D F J
N N D A O D U O P E S E R M
U G S L H J O L Q X O L O B
Z W T A E C S R L I V I I Q
S W D P L A V Z U E O C T Y
I U Y O N A T S A P R I A T
P H T S M Z D T N Z I O R B
B E B I D A I A S R E S I W
P V E R D U R A S D R O E L
X A N T A R R W P P A F D P
A P E R I T I V O M M R A A
J V D E F X R V A H A A C U
O K T C L Z O O T T C G W G
K G B V O B M G U L A U A A
```

APERITIVO
BEBIDA
BOLO
CADEIRA
DELICIOSO
CEA
OVOS
PEIXE
GARFO
FROITA
XEO
XANTAR
PASTA
ENSALADA
SAL
SOPA
CULLER
VERDURAS
CAMAREIRO
AUGA

30 - Geology

```
P D C S B O F J K S H Z S Á
W H O A T K Ó M O I C L A C
Y G V T N K S G T A O H T I
R É A A Ó W I S O T N X I D
J I G K I F L L M S T G C O
G S M E S E T A E I I H L Z
Z E G F O W E R R R N C A R
M R T W R C J S R C E W T A
F Y X D E F M O E G N X S U
C O R A L A S L T Y T D E C
S A U R V W V C J D E Y P T
D N V D Q A S I A R E N I M
J Q O E L F L C P P C J L G
F H D P V O L C Á N A M I O
```

ÁCIDO
CALCIO
COVA
CONTINENTE
CORAL
CRISTAIS
CICLOS
TERREMOTO
EROSIÓN
FÓSIL

GÉISER
LAVA
CAPA
MINERAIS
MESETA
CUARZO
SAL
ESTALCITA
PEDRA
VOLCÁN

31 - House

```
E P L B I B L I O T E C A T
S O C Á G A R A X E W C Z E
P R O E M C E R C A Z V T L
E T C A F P U I G F T F X L
L A I O I R A I L I B O M A
L R Ñ D O Q J D U K T S C D
O I A A R I O S A V P P R O
J E X I N M U R O M Z C Z X
J R S A J G C L A V E S K A
K A A F R C O R T I N A S N
R L L P C D V R Z Q K H X E
C Y A P I V Í B A H S C A L
Y B G J N S Z N I G V U C A
T W B I H H O S N Y L D R N
```

FAIADO
VASOIRA
CORTINAS
PORTA
CERCA
LAREIRA
PISO
MOBILIARIO
GARAXE
XARDÍN

CLAVES
COCIÑA
LÁMPADA
BIBLIOTECA
ESPELLO
TELLADO
SALA
DUCHA
MURO
XANELA

32 - Physics

```
N U C L E A R H M M A W U G
U C D S A O O M E Q I C U A
G T D A V R C O C U F S L S
P M Y M O M O T Á Í Ó J A A
D A W R A Y I O N M R R S C
E I R P A G B R I I M V R E
N C Z T B J N F C C U J E L
S N U L Í D S E A A L Z V E
I E B M D C F A T V A E I R
D U C A O S U J T I W A N A
A C A L U C É L O M S J U C
D E E Y T W P Q A Y U M D I
E R A E X P A N S I Ó N O Ó
Q F E L E C T R Ó N E N V N
```

ACELERACIÓN
ÁTOMO
CAOS
QUÍMICA
DENSIDADE
ELECTRÓN
MOTOR
EXPANSIÓN
FÓRMULA
FRECUENCIA
GAS
MAGNETISMO
MISA
MECÁNICA
MOLÉCULA
NUCLEAR
PARTÍCULA
UNIVERSAL

33 - Dance

```
P D A I M E D A C A Q G B V
K O P N I K X C O R P O D L
O M S X D D T P M Ú S I C A
H T D T I Z J E R G E L A D
Y I L A U S I V H E I O Z M
A R T E P R D O C I S Á L C
L O R I E Ñ A P M O C I R W
Y L A N O I C I D A R T V Z
E M O C I Ó N U U W M P Y O
C U L T U R A L L W Z H E I
M V U V L A Z J P T J T M A
L H H A R L A T Q X U L I S
C O R E O G R A F Í A R R N
U S R I S K G D Z D R X A E
```

ACADEMIA
ARTE
CORPO
COREOGRAFÍA
CLÁSICO
CULTURAL
CULTURA
EMOCIÓN
EXPRESIVO
GRAZA
ALEGRE
MÚSICA
COMPAÑEIRO
POSTURA
ENSAIO
RITMO
TRADICIONAL
VISUAL

34 - Coffee

```
G B H O A F D C A A K Q F T
L X G T Z B N N A R M A Ñ Á
Í G X N U P M E L F O I W F
Q L Z I C K D W A L E M D O
U J E F R W A C O P A Í A G
I P D I E H B H R L M Z N R
D R A V T X E D T L E R U A
O E D U C E B Y L H R E O M
R Z E D T N I P I D C M S A
G O I U M U D J F S A B O R
E M R T L C A O R I X E Y X
N Y A Á C I D O A U G A O G
Q L V U L C W J N A J O H M
D Q S Q X E Z S C S K U K S
```

ÁCIDO
AROMA
BEBIDA
AMARGO
NEGRO
CAFEÍNA
CREMA
COPA
FILTRO
SABOR

MOER
LÍQUIDO
LEITE
MAÑÁ
ORIXE
PREZO
AZUCRE
VARIEDADE
AUGA

35 - Shapes

```
Z C R E C T Á N G U L O E I
S I O L U G N Á I R T B L A
S L B O T N A C G G H U I L
A I D B I A Ñ Z Y Z H C P H
W N E R E M I U O N O C S Z
V D D É D S L P L Q E D E R
D R I P B I F J U G P D A J
B O M I E R L E C P E X D L
A O Á H O P V X R B O V A L
L P R I R C M U Í A A R C O
S C I D W B J V C V Z D M I
R T P K E J Z A V R A F M N
S V U Z P S W B H U R E Y P
P O L Í G O N O H C P F G Y
```

ARCO
CÍRCULO
CONO
CANTO
CUBO
CURVA
CILINDRO
BORDES
ELIPSE
HIPÉRBOLE
LIÑA
OVAL
POLÍGONO
PRISMA
PIRÁMIDE
RECTÁNGULO
LADO
ESFERA
PRAZA
TRIÁNGULO

36 - Scientific Disciplines

```
I Q L B I O L O X Í A K R K
E N Z I A S T R O N O M Í A
E C M D N Q U W I U R F A R
A I S U I G B O T Á N I C A
N N O F N Y Ü A D R M K I C
A E C I C O J Í A F P J N I
T S I S X U L X S D L Y Á M
O I O I E I A O A T A B C Í
M O L O O Y M L X L I W E U
Í L O L L B M O O Í P C M Q
A O X O O A K C K K A F A O
R X Í X X A C I M Í U Q U I
R Í A Í Í Y M S J H S K H B
O A P A A R L P V T A Z R F
```

ANATOMÍA
ASTRONOMÍA
BIOQUÍMICA
BIOLOXÍA
BOTÁNICA
QUÍMICA
XEOLOXÍA

INMUNOLOXÍA
CINESIOLOXÍA
LINGÜÍSTICA
MECÁNICA
FISIOLOXÍA
PSICOLOXÍA
SOCIOLOXÍA

37 - Science

```
N E M V G Á I E F X U P K H
A V O F R T K X U E H S G I
T O L O A O L P X T I A M P
U L É S V M F E Z K O T K Ó
R U C G I O E R K N X N O T
E C U K D A C I S Í F A A E
Z I L X A N R M G F D L S S
A Ó A G D V K E U Q Ó P S E
A N S N E G C N N P H S O E
Q U Í M I C A T S I D A I Q
C L I M A O D O T É M S B L
E O R G A N I S M O T F K U
L A B O R A T O R I O N Z A
P A R T Í C U L A S F E O I
```

ÁTOMO
QUÍMICA
CLIMA
EVOLUCIÓN
EXPERIMENTO
FEITO
FÓSIL
GRAVIDADE
HIPÓTESE

LABORATORIO
MÉTODO
MINERAIS
MOLÉCULAS
NATUREZA
ORGANISMO
PARTÍCULAS
FÍSICA
PLANTAS

38 - Beauty

```
E F N M F U Q I C P K M E M
A L O L L E P S E E A Á N K
V K E T R D O W W R C S C J
O X D G O U Y B F F E C A C
H J T T A X C V V U I A N H
M Q M B A N É O D M T R T A
O T K S C O C N R E E A O M
T E S O I R A I I D S R I P
A F A T T B Z A A C I B I Ú
B N U U É R A I Y E A I S B
D P N D M I R P E L U D K Z
P B K O S A G R I Z O S P T
B U W R O E L E G A N T E F
U U P P C F R A G A N C I A
```

ENCANTO
COR
COSMÉTICA
RIZOS
ELEGANCIA
ELEGANTE
FRAGANCIA
GRAZA
BATOM

MÁSCARA
ESPELLO
ACEITES
FOTOXÉNICA
PRODUTOS
PERFUME
TESOIRA
CHAMPÚ
PEL

39 - Clothes

```
E O O Q B P I H T M H Q E V
V N X T L M I L D U Q E L E
T G E P U S H X Z I V S W S
N F U A S A I L A D N A S T
G W Q S A I O X Q M I C N I
N M E I O G I R B A A N Ó D
T R C M U M A V E N T A L O
A D N A F U B E V R N S A U
G P Z C L H E R S A I A T P
C O L A R L G G E Z C V N A
C H A Q U E T A I I P L A L
M E D I A S A V U L R O P J
G V O P U L S E I R A O D H
O Y M E T Z A P A T O Z W K
```

AVENTAL
CINTA
BLUSA
PULSEIRA
ABRIGO
VESTIDO
MODA
LUVAS
SOMBREIRO
CHAQUETA

XOIAS
COLAR
PIXAMA
PANTALÓNS
SANDALIAS
BUFANDA
ZAPATO
SAIA
MEDIAS
CAMISA

40 - Insects

```
A G I M R O F C B G O D N J
G D R A A B E L L A A S S P
X R E N E C J B A R E T U L
A N K T L I B É L U L A O A
Z T O I T V G E I R P H T R
V X D S E Y A U C Q Z N I V
E E M R E V Á S C O S I U A
P N S K B S F I N N O N Q T
J U P P B C I N Ó T L A S A
P G L Q A E D A H M N O O R
K P H G Z C O I J Q J J M A
L B F F A R R A G I C P F B
V Z B G R B O L B O R E T A
S K H O T I M R E T A N P G
```

FORMIGA
ÁFIDO
ABELLA
BEETLE
BOLBORETA
CIGARRA
BARATA
LIBÉLULA
PULGA
GATO

SALTÓN
JOANINHA
LARVA
MANTIS
MOSQUITO
TRAZA
TERMITO
VESPA
VERME

41 - Astronomy

```
A F S Y Y M C X C G S R D O
S S A A Ú L Y E O A U A H B
O F T T T C O B S L P D O S
L O U E O É M B M A E I I E
U G A N R I L U O X R A C R
B U N A O O Y I S I N C C V
E E O L E M I T T A O I O A
N T R P T O K D E E V Ó N T
E E T J E N N S E R A N I O
A I S N M O E C J Z R W U R
L W A Q L R U B F H X A Q I
F R Z Z Z T E C L I P S E O
Z H V Z H S Z O D I A C O Z
F N Ó I C A L E T S N O C I
```

ASTEROIDE
ASTRONAUTA
ASTRONOMO
CONSTELACIÓN
COSMOS
TERRA
ECLIPSE
EQUINOCCIO
GALAXIA
METEORO

LÚA
NEBULOSA
OBSERVATORIO
PLANETA
RADIACIÓN
FOGUETE
SATÉLITE
CEO
SUPERNOVA
ZODIACO

42 - Health and Wellness #2

```
Á N I M O M A S A X E L E P
E Ó G A T L D C G H D P S E
N I H L I K X A S T A N T S
F C I E T K A N A E Í Ó R O
E C X R E C J I N S M I É A
R E I X P Y H M G L O C S H
M F E I A M N A U H T A A O
I N N A C J K T E V A R Í S
D I E L B A C I T É N E X P
A B L U J T L V T F A P R I
D M S B M E W O X G L U E T
E M P Q Y I S W R I Y C N A
S M B A O D E O I Q X E E L
S A U D A B L E X H M R C N
```

ALERXIA
ANATOMÍA
APETITO
SANGUE
CALOR
DIETA
ENFERMIDADE
ENERXÍA
XENÉTICA
SAUDABLE

HOSPITAL
HIXIENE
INFECCIÓN
MASAXE
ÁNIMO
RECUPERACIÓN
ESTRÉS
VITAMINA
PESO

43 - Time

```
M A A N O I T E S E M W G I
E E N N L O S C É W P Z G L
D W T O U V G G C A N T E S
I R C F F A T W U I X S B Z
O X O L E R L I L P S D G Z
D Z I P L O B F O R W A O B
Í F Y A O H F T K O P M E T
A N V W O I R A D N E L A C
N F D M A Ñ Á N O T U N I M
B V É I W Y J A R O G A N Q
Q F C H A Y E M F U T U R O
J K A O T I W E C R T B S E
L T D X T L E S V A G N D B
V R A E B L A G B D Í A U W
```

ANUAL
ANTES
CALENDARIO
SÉCULO
RELOXO
DÍA
DÉCADA
TEMPO
FUTURO
HORA

MINUTO
MES
MAÑÁ
NOITE
MEDIODÍA
AGORA
PRONTO
HOXE
SEMANA
ANO

44 - Buildings

```
G T H O F D E O L E T S A C
S X S A M I L B H O T E L A
V J T E E O D S E I S U Z P
E S T A D I O E S R U G B A
F K Z J S D O R C O P R S R
E Á T O R R E V O T E E W T
E M B Y E D S A L A R B T A
I M B R X J U T A R M L X M
Q V W A I F M O A O E A T E
C Y E N I C Y R N B R D E N
C W Y S J X A I I A C N A T
C A B I N A A O J L A E T O
H Ó R R E O B D J G D T R B
H O S P I T A L A Z O A O W
```

APARTAMENTO
HÓRREO
CABINA
CASTELO
CINE
EMBAIXADA
FÁBRICA
HOSPITAL
ALBERGUE
HOTEL
LABORATORIO
MUSEO
OBSERVATORIO
ESCOLA
ESTADIO
SUPERMERCADO
TENDA
TEATRO
TORRE

45 - Philanthropy

```
Q I L C O P R A S F K M G M
F H B H E R B E E F R I R C
U Q K W D O M H T Q V S R R
K H W H A G U F H O R I T F
O U H W D R L I P Y S Ó R Y
C B J T I A J N Z D A N T T
I O X P R M L A B O L G F U
L T N E A A T N E G M O O D
B R G T C S Q Z H A H Q N G
Ú N J N A T G A E U D S D R
P C K E K C I S O N E N O U
Y T F X U G T V U K Z R S P
C P A E T S B O O O Y D L O
H I S T O R I A S S I Y P S
```

RETOS
CARIDADE
NENOS
CONTACTOS
FINANZAS
FONDOS
GLOBAL
OBXECTIVOS
GRUPOS
HISTORIA
MISIÓN
XENTE
PROGRAMAS
PÚBLICO

46 - Herbalism

```
O L L A M A N J E R O N A Z
A F A T R J R U D F R O P X
L I V N O O Q Q R T R R I I
B U A E B B M X E Z V É O W
A N N M A V A Á V K Q G Z P
H C D B S R E K T J D A A L
A H A K L D U H K I E N H A
C O V G I F F A Ñ I C O C N
A J C F X M O U L I Y O S T
I N G R E D I E N T E H D A
Y Z C L R A J M X A R D Í N
A C U Y E L C O L Y O H U F
O E M Z P B Y R U D E A G Z
A Z A F R Á N F L O R A Z E
```

AROMÁTICO
ALBAHACA
COCIÑA
FIUNCHO
SABOR
FLOR
XARDÍN
ALLO
VERDE

INGREDIENTE
LAVANDA
MANJERONA
MENTA
ORÉGANO
PEREXIL
PLANTA
ROMEU
AZAFRÁN

47 - Vehicles

```
V M J Q B S C O O T E R Q T
Q O O N I R A M B U S C P R
M T S O C I T Á M U E N P A
X O I X I X X R I P Q Ó L N
I R M A C A C N A M V I F S
C J B H L T B V M C E V Z P
C A V O E C C N E R T A B O
F A R H T O O A T R E O K R
E J M A A W C V R N U A R T
L B U I V N H E O Q G X L E
T A O Z Ó A E S K H O N Y E
E R H T J N N J E L F B K C
V C B A L S A A G R H I N J
I O H E L I C Ó P T E R O Y
```

AVIÓN
BICICLETA
BARCO
COCHE
CARAVANA
BALSA
HELICÓPTERO
MOTOR
FOGUETE
SCOOTER

TRANSPORTE
SUBMARINO
METRO
TAXI
PNEUMÁTICOS
TRACTOR
TREN
CAMIÓN
VAN

48 - Flowers

```
D N G F E X R X O C D E F N
U O K L K P A E D Í U Q R O
X I R A S O L Z O F M L G I
L I L Á S E Y F M R U A W L
C A L É N D U L A Í O V T E
K I B S P K V Y R B N A R D
C N S Z Q É P E Ó N E N É N
D E I P M M T G D M N D V A
U D F Á J U C A R A M A O D
S R X R N Á P I L U T U J R
D A L O P A M A C O F R D B
F G G M A R G A R I T A O M
M A G N O L I A Q Q H T I F
R O S A H I B I S C U S D C
```

RAMO
CALÉNDULA
TRÉVO
MARGARITA
DANDELION
GARDENIA
HIBISCUS
XAZMÍN
LAVANDA
LILÁS

MAGNOLIA
ORQUÍDEA
MARACUJÁ
PEÓN
PÉTALO
AMAPOLA
ROSA
XIRASOL
TULIPÁN

49 - Health and Wellness #1

```
A R U T C A R F S M R M N T
F L E P Y Z N G A Ú E E T R
D A T L E S I Ó N S F D Z A
W O R U Q V N Z O C L I P T
D T U M R C G P M U E C O A
C E Z T A A S R R L X I S M
L R T R O C A H O O N T E
Í A O E T R I K H S A A U N
N P W D I V R A Q R C A R T
I I E T B I E M A F T Z A O
C A S L Á R T T U L I D V F
A J D F H U C O N M V F L X
Y F B E V S A W J S O S O G
Q N R M M J B L C G V L W J
```

ACTIVO
BACTERIAS
OSOS
CLÍNICA
DOUTOR
FRACTURA
HÁBITO
ALTURA
HORMONAS
FAME

LESIÓN
MEDICINA
MÚSCULOS
FARMACIA
POSTURA
REFLEXO
PEL
TERAPIA
TRATAMENTO
VIRUS

50 - Town

```
I P O D A C R E M V T C F P
U K L E W E K Z F E E L A A
G N C I N E R R E W A Í R N
L P I L H Z G O E E T N M A
E I F V Z O N Q P B R I A D
T V B N E O L R Y O O C C E
O G L R B R X S J C R A I R
H S E L E V S O H N V T A Í
M U S E O R Y I L A L C O A
R H F U C N I D D B H R G X
Q C A Í R E L A G A D N E T
E S C O L A C T C L D M M B
L C Y X F O C S B C C E R M
Q U O D A C R E M R E P U S
```

AEROPORTO
PANADERÍA
BANCO
LIBRERIA
CINE
CLÍNICA
GALERÍA
HOTEL
MERCADO

MUSEO
FARMACIA
ESCOLA
ESTADIO
TENDA
SUPERMERCADO
TEATRO
UNIVERSIDADE
ZOO

51 - Antarctica

```
C O N S E R V A C I Ó N S E
G P V E T N E N I T N O C X
L E Q N Ó I C A R G I M Y P
A N O S A S I A R E N I M E
C Í Q E A U V L A G P C V D
I N F A Í Y G G L B P I F I
A S K D F Y N A A A V E N C
R U Q A A Z F Y V I S N U I
E L K D R E Y A E A W T B Ó
S A D Z G N L P S B W Í E N
X T O P O G R A F Í A F S F
S E P D E R A E X T M I V U
R Q O Y X K R J Z Y K C O R
T E M P E R A T U R A O F N
```

BAIA
AVES
NUBES
CONSERVACIÓN
CONTINENTE
ENSEADA
EXPEDICIÓN
XEOGRAFÍA
GLACIARES
XEO

ILLAS
MIGRACIÓN
MINERAIS
PENÍNSULA
ROCKY
CIENTÍFICO
TEMPERATURA
TOPOGRAFÍA
AUGA

52 - Ballet

Y	E	D	A	D	I	S	N	E	T	N	I	A	M
X	P	S	B	A	I	L	A	R	Í	N	S	R	Ú
P	A	R	T	S	E	U	Q	R	O	U	H	T	S
G	Ú	O	V	I	S	E	R	P	X	E	Y	Í	C
S	X	B	S	C	L	F	N	S	H	D	H	S	U
D	F	E	L	X	S	O	X	E	S	T	O	T	L
S	O	M	T	I	R	L	H	E	M	U	S	I	O
K	W	N	M	V	C	E	Z	K	N	T	H	C	S
J	Q	V	E	H	Z	O	U	K	T	S	D	A	L
C	O	R	E	O	G	R	A	F	Í	A	A	C	I
A	P	L	A	U	S	O	S	H	H	K	D	I	H
G	R	A	C	I	O	S	A	O	T	U	J	S	O
C	O	M	P	O	S	I	T	O	R	S	Y	Ú	N
X	X	I	H	P	T	É	C	N	I	C	A	M	T

APLAUSOS
ARTÍSTICA
PÚBLICO
COREOGRAFÍA
COMPOSITOR
BAILARÍNS
EXPRESIVO
XESTO
GRACIOSA

INTENSIDADE
MÚSCULOS
MÚSICA
ORQUESTRA
ENSAIO
RITMO
ESTILO
TÉCNICA

53 - Fashion

```
M C V N C B C P B W I V L O
I O T K A Y O Ó O V L O J R
N T O D R J Q R M R S K Y I
I V I A O L P S D O Y Z U X
M O U B I C I N T A D Q O I
A R U T X E T Ó Y W D O L N
L I X E N Ó R T A P I O I A
I P Q P M D Y O D I C E T L
S A D I D E M B U T N Y S R
T B O U T I Q U E P H G E E
A E L E G A N T E C A J A N
L H M O D E R N O U J V G D
M O D E S T O S I M P L E A
H Q K O D A C I T S I F O S
```

BOUTIQUE
BOTÓNS
ROUPA
CÓMODO
ELEGANTE
BORDADO
CARO
TECIDO
RENDAS
MEDIDAS
MINIMALISTA
MODERNO
MODESTO
ORIXINAL
PATRÓN
SIMPLE
SOFISTICADO
ESTILO
TEXTURA

54 - Human Body

```
Y M A N D Í B U L A I T M M
X S E M N R U B E Z Y C U R
E K X A X F B T P N P G I S
F U X N X E S P P A B O G T
E O W W R R O X E R S R C H
K S I C Q B S N W I Z E O C
Y A R A C B O O L Z Z L R N
Y N B R W H B M B L Y L A O
D R X C I D K B X O O A Z C
F E U G N A S R T U C W Ó E
R P D A E C P O F I W A N L
R Y C O R B E R E C G L E L
Q U E I X O D A B Ó C X T O
P E S C O Z O N S R S F G C
```

NOCELLO
SANGUE
OSOS
CEREBRO
QUEIXO
ORELLA
CÓBADO
CARA
DEDO
MAN

XEFE
CORAZÓN
MANDÍBULA
XEONLLO
PERNA
BOCA
PESCOZO
NARIZ
OMBRO
PEL

55 - Musical Instruments

```
U O E T O G A F C L O T X H
W S T C A T U A R F V S P A
N F C N W M L R C R L D K Q
F I W L E L B Y G E Y X G K
F C L N O V D O Z K L W J C
B X Z B Y A I É R W N L L L
A D G A D T R O M B Ó N O A
H M O N A I P B I K I Í B R
F H L J O A L O L A S L X I
I Z H O V G Y J O R U O A N
P A N D E I R O D P C I T E
G U I T A R R A N A R V A T
S A X O F Ó N R A W E V W E
T R O M P E T A B S P D O W
```

BANJO
FAGOTE
CELLO
CLARINETE
TAMBOR
FRAUTA
GONG
GUITARRA
GAITA
ARPA

BANDOLIM
OBOÉ
PERCUSIÓN
PIANO
SAXOFÓN
PANDEIRO
TROMBÓN
TROMPETA
VIOLÍN

56 - Fruit

```
N E C T A R I N A C P H Á Q
A G U A C A T E V O L X Z D
C A G K P I P K U C Á M A M
A E K U P C E T J O T G M M
N U R T K E I F Z T A O F P
A Q A E C B F E Q I N I R M
N O L P I M A N G A O A A L
Á C A Q Z X Q Z Ó B N B M R
S I R B E R A K N M F A B M
G R A P E X E G O T I R O E
L A N P L S Z V S J W L E L
P B X Q E M L K L A I X S Ó
C L A U G R M D R N K P A N
Y A G Y R X A F X B A G A B
```

MAZÁ
ALBARICOQUE
AGUACATE
PLÁTANO
BAGA
CEREIXA
COCO
UVA
GOIABA
KIWI

LIMÓN
MANGA
MELÓN
NECTARINA
LARANXA
MAMÁ
PEXEGO
PERA
ANANÁS
FRAMBOESA

57 - Engineering

```
M O T O R D I A G R A M A L
B R E D A D I L I B A T S E
D T C I R R Q R U K P C A L
I E O U S H N N Z F O Á C M
S M N Q E D I E S E L L N E
T Á S Í X S U Q T X U C A D
R I T L A Z R O F O G U L I
I D R S N N B E E N L A C
B D U E E M I J I J Á O P I
U C C P R O P U L S I Ó N Ó
C R I C G X X N Q M O O N
I X Ó R N I K G U Á H Q W R
Ó T N U E E W P Y T M A T D
N E N E R X Í A L D F L N F
```

ÁNGULO
EIXO
CÁLCULO
CONSTRUCIÓN
DIAGRAMA
DIÁMETRO
DIESEL
DISTRIBUCIÓN
ENERXÍA
ENGRENAXES
PALANCAS
LÍQUIDO
MÁQUINA
MEDICIÓN
MOTOR
PROPULSIÓN
ESTABILIDADE
FORZA

58 - Government

```
C L Í D E R C I V I L S C X
N I E H H O T N E M U N O M
E O D A T S E S T Y O D N Q
D N N A C I T Í L O P E S E
R Ó Z N D P O L K L P M T S
F I Q M Q A E T X A A O I Q
X S H W B L N I C I C C T R
U U Y N B K D Í K C Í R U N
T C S N U P P L A I F A C A
W S O T I R T S I D I C I C
M I J O I G T K E U C I Ó I
R D S W W Z R F L X O A N Ó
F A L A E D A D L A U G I N
I N D E P E N D E N C I A T
```

CIDADANÍA
CIVIL
CONSTITUCIÓN
DEMOCRACIA
DISCUSIÓN
DISTRITO
IGUALDADE
INDEPENDENCIA
XUDICIAL
XUSTIZA
LEI
LÍDER
MONUMENTO
NACIÓN
PACÍFICO
POLÍTICA
FALA
ESTADO

59 - Science Fiction

```
T A A R P A L E N I C R R O
I E I N B T I J X V V H S R
M I C W N E B V K T J G X A
A L N N Z N R O H A R S W C
X U A T O A O O U E Y E Z L
I S T F W L S I A U B I M E
N I S Q V P O Z R O F S E O
A Ó I G U A I X A L A G M L
R N D S Y Í Q A Í P O T U H
I K P F Z F M J T A R C L S
O D R H A T S I R U T U F F
A T Ó M I C A N C W Q G E R
P B Q N O M A Í P O T S I D
E X P L O S I Ó N H S F J I
```

ATÓMICA
LIBROS
QUÍMICOS
CINE
DISTANCIA
DISTOPÍA
EXPLOSIÓN
EXTREMO
ESFORZO
LUME
FUTURISTA
GALAXIA
ILUSIÓN
IMAXINARIO
ORACLE
PLANETA
TECNOLOXÍA
UTOPÍA

60 - Geometry

```
E C U A C I Ó N J F L G H X
X C D V V K V P O R Q Q O D
L Á I A Í R O E T Z Z H R S
C L M L W Z U M M O T Z I M
V C E Ó P E Q C K V U S Z T
A U N X N Ú M E R O E S O D
L L S I A P Q C Y L Á I N I
T O I C C A J M H E N M T Á
U E Ó A S I M L V L G E A M
R R N Z Q D P J H A U T L E
A S E G M E N T O R L R P T
O D B F L M W W I A O I X R
C Í R C U L O W G P R A C O
S U P E R F I C I E X R H D
```

ÁNGULO
CÁLCULO
CÍRCULO
CURVA
DIÁMETRO
DIMENSIÓN
ECUACIÓN
ALTURA
HORIZONTAL
LÓXICA
MISA
MEDIA
NÚMERO
PARALELO
SEGMENTO
SUPERFICIE
SIMETRIA
TEORÍA

61 - Creativity

```
I E S P O N T Á N E A C I I
I N I D E A S E D X E M M N
N Ó T C L A R I D A D E A V
S I W E S R G H B M A S X E
P S E I N J A O A I D E I N
I E X N Ó S C Z Y Q I N N T
R R P T I N I E Y R C T A I
A P R U S Ó T D W H I I C V
C M E I I I S I A W T M I A
I I S C V C Í U W D N E Ó S
Ó E I I Z O T L M I E N N H
N D Ó Ó O M R F K W T T I J
L Y N N P E A L I Q U O W X
D R A M Á T I C O N A S V Q
```

ARTÍSTICA
AUTENTICIDADE
CLARIDADE
DRAMÁTICO
EMOCIÓNS
EXPRESIÓN
SENTIMENTOS
FLUIDEZ
IDEAS
IMAXE
IMAXINACIÓN
IMPRESIÓN
INSPIRACIÓN
INTENSIDADE
INTUICIÓN
INVENTIVA
ESPONTÁNEA
VISIÓNS

62 - Airplanes

```
C Y H I S T O R I A G P C H
J I K D E S E Ñ O K X I O I
N Ó I C A L U P I R T L N D
C D J G E R I A H K K O S R
E L B I T S U B M O C T T Ó
O A P A E O D T C R I O R X
I R T O G W Z M N I I Y U E
X U Q M U S Y O X E B E C N
H T R Z O S M T P X V Z I O
G L O B O S O O S A D A Ó G
V A O K T L F R M S R R N D
H É L I C E S E G A I H H N
B A I X A D A Y R P J H E D
D I R E C C I Ó N A A I M P
```

AVENTURA
AIRE
ATMOSFERA
GLOBO
CONSTRUCIÓN
TRIPULACIÓN
BAIXADA
DESEÑO
DIRECCIÓN
MOTOR

COMBUSTIBLE
ALTURA
HISTORIA
HIDRÓXENO
POUSO
PASAXEIRO
PILOTO
HÉLICES
CEO

63 - Ocean

```
T E K K F Z L J O J W I N C
N Y N K O I H E G T P S L Á
C A N G R E X O O B X A A M
A R R E C I F E S P W L T A
M E D U S A S X T W O A Ú R
L G S U G G A I R W F L N A
Y P H A O L G E A V G O B L
S Q T L U Z L P F K Y N R O
I A N G U I A B E Y C D L J
N E E N A G U R A T R A T M
X L X R G O L F I Ñ O S G D
O A O S A X N O P S E H W D
E B S I Y M T O R M E N T A
J Q C O R A L T I B U R Ó N
```

CORAL
CANGREXO
GOLFIÑO
ANGUIA
PEIXE
MEDUSAS
POLBO
OSTRA
ARRECIFE
SAL

ALGAS
TIBURÓN
CÁMARA
ESPONXA
TORMENTA
MAREAS
ATÚN
TARTARUGA
ONDAS
BALEA

64 - Birds

```
G A I V O T A V R C R C G R
P A R D A Ñ O W R G O U C W
T O U C Á N R A N Q Z C T R
I O P E L I C A N O U O B V
A T J L A C P Ñ C Q R Z F C
P A V Ó N O I O C I T O V O
Á P G Y Q R N G A P S G B S
M G B D Z V G E N A E N W N
Q J U N F O Ü C A P V I E A
G N D A F R Í G R A A M F G
Ç A P O L O N N I G Q A F Z
H R R V F F R Q A A Z L S O
W S D Z O I R V S I I F T X
V D Z X A U T B V O E O Z K
```

CANARIAS
POLO
CORVO
CUCO
PATO
ÁGUA
OVO
FLAMINGO
GANSO
GAIVOTA

GARZA
AVESTRUZ
PAPAGAIO
PAVÓN
PELICANO
PINGÜÍN
PARDAÑO
CEGOÑA
CISNE
TOUCÁN

65 - Art

```
P Á E D P X C P P S V O I N
E O N B N H O I E Í I L U K
S D E I V A M N R M S X U B
C A K S M D P T S B U U U R
U R T R Í O L U O O A T S E
L I K E E A E R A L L A Y T
T P Z X M H X A L O Y C W R
U S F A X A O S X M H I D A
R N S U R R E A L I S M O T
A I E X P R E S I Ó N Á C A
C O M P O S I C I Ó N R K R
S I M P L E E B O N C E Y Q
H O N E S T O G O L H C B W
O R I X I N A L F U E I B Y
```

CERÁMICA
COMPLEXO
COMPOSICIÓN
EXPRESIÓN
HONESTO
INSPIRADO
ÁNIMO
ORIXINAL
PINTURAS
PERSOAL
POESÍA
RETRATAR
ESCULTURA
SIMPLE
TEMA
SURREALISMO
SÍMBOLO
VISUAL

66 - Politics

```
C V I T O R I A G A C I T É
Q O L L M S Q R S W A W I O
O N M V Q B S H N T N R C O
L L Z I U A O K Ó Q D Q H E
X A F J T A T S I V I T C A
P N A G H É S N N C D J P P
G O B E R N O M I O A U N O
C I W J A M P J P N T Q R L
A C Y J Q L M R O S O W Y Í
M A B F N Ó I C C E L E S T
P N J X Z E D A D L A U G I
A E D A D R E B I L V Z S C
Ñ P O L Í T I C A O Y F C O
A P O P U L A R I D A D E I
```

ACTIVISTA
CAMPAÑA
CANDIDATO
SELECCIÓN
COMITÉ
CONSELLO
IGUALDADE
ÉTICA
LIBERDADE
GOBERNO
NACIONAL
OPINIÓN
POLÍTICA
POLÍTICO
POPULARIDADE
IMPOSTOS
VITORIA

67 - Nutrition

```
V V S G R R N E I S H Y T P
O I O U Q C Ó C F A E K O R
T F T Z M E I T B B D Q X O
I E I A M L C O M O A S I T
T P B E M B A A F R D O N E
E S Á N Ó I T S E X I D A Í
P T H A G T N L T D L I G N
A P E S O S E A N K A U Q A
K M I Q B E M S E R C Q C S
N E A K A M R E I S O Í O O
P G I R O O E N R A I L S V
K M I I G C F W T Ú G E A H
D I E T A O U V U D Q O L C
S A U D A B L E N E A X L R
```

APETITO
AMARGO
CALOR
DIETA
DIXESTIÓN
COMESTIBLE
FERMENTACIÓN
SABOR
HÁBITOS
SAÚDE

SAUDABLE
LÍQUIDOS
NUTRIENTE
PROTEÍNAS
CALIDADE
SALSA
TOXINA
VITAMINA
PESO

68 - Hiking

```
S R M O S Q U I T O S W O M
A Y I P D P A A W W Q D R O
L N S S E U Q R A P Z T I N
V Ó A F C P E W E P H M E T
A I T T I O D E N E P G N A
X C O H U D S N Z S O L T Ñ
E A B A H R B L J P V G A A
W R D U P E E E V C A H C X
X A G G H E O Z H L N Z I A
C P U A V J D X A I I S Ó T
G E Q E S A A R P M M W N M
E R R N K K S B A A A O S T
A P U T B I E G M S I F Y W
F P G C N G P P Q O S N A C
```

ANIMAIS
BOTAS
PENEDO
CLIMA
RISCOS
PESADO
MAPA
MOSQUITOS
MONTAÑA
NATUREZA
ORIENTACIÓN
PARQUES
PREPARACIÓN
PEDRAS
SOL
CANSO
AUGA
SALVAXE

69 - Professions #1

```
A D E C P B R M B O J X O J
B K N A R O D A X I A B M E
A S F R O R S R Q G T R O B
N A E T D I J I Y T S O N A
Q A R O A E I Ñ J P I D O I
U M M G Z N M E O M N A R L
E E E R A A X I D C A R T A
I D I A C T O R A K I T S R
R I R F Q N I O G E P S A Í
O D A O N O E K O D S E Ú N
O A S S T F I O V I F D D M
W Q B N O U R K A T X A V E
B U V I B W O O G O L Ó E X
N X V L K G J D A R G X V B
```

EMBAIXADOR
ASTRONOMO
AVOGADO
BANQUEIRO
CARTOGRAFO
ADESTRADOR
BAILARÍN
DOUTOR
EDITOR

XEÓLOGO
CAZADOR
XOIEIRO
MÚSICO
ENFERMEIRA
PIANISTA
FONTANEIRO
MARIÑEIRO
A MEDIDA

70 - Barbecues

```
A E N S A L A D A S L B I J
T L V E R D U R A S O L Q G
I X I R O B K H V H S G G R
O O Z M Y U D W F Q A U O E
R N B M E T N E U Q L F G X
F C E A Z N T O M A T E S O
C Q Q Z Q G T C Y D K F E O
V E R Á N A S O L E T I O C
L Q B H I C Z N S O G I M A
F A M I L I A E G R E L L A
K E N B X S I N P K L P T F
I Y Y V O Ú T O O W K Z B A
C Q K A T M A S L A S A B M
N X S A S N J S O F R A G E
```

POLO
NENOS
CEA
FAMILIA
ALIMENTOS
GARFOS
AMIGOS
FROITA
XOGOS
GRELLA

QUENTE
FAME
COITELOS
MÚSICA
ENSALADAS
SAL
SALSA
VERÁN
TOMATES
VERDURAS

71 - Vegetables

```
K A L O B E C R P E P I Ñ O
P A I A L L O B A G G K Y A
E N X E B R E I E B N A B O
L E E A A V E K P V A G Q N
H X R Ñ R W R H R A P N V A
D N E O G I V N P G Q S O M
T E P L D G I J N W B I E C
X R P A D A L A S N E L S O
T E G H M R H F R E K O P G
D B S C O D A Z A B A C I U
C O L I F L O R U R W Ó N M
T O M A T E N G R D U R A E
A L C A C H O F A G Y B C L
Y V Y H C E N O R I A J A O
```

ALCACHOFA
BRÓCOLIS
CENORIA
COLIFLOR
APIO
PEPIÑO
BERENXENA
ALLO
ENXEBRE
COGUMELO

CEBOLA
PEREXIL
ERVILHA
CABAZA
RABANO
ENSALADA
CHALOÑA
ESPINACA
TOMATE
NABO

72 - The Media

```
R F O T O S A P H G Z U P G
B E L N Ó I C A C U D E A Y
W Y V Ó Z G B M J F C F Ñ L
V T S I A U D I V I D N I O
G C E C S O U X L D M L L O
G Z A I R T S U D N I Q N P
R F P D Y L A C O L G H E I
B E Z E O Y L S I D K Y E N
S N D C O M E R C I A L O I
O T N E M A I C N A N I F Ó
T X O R N A I S R A D I O N
I N T E L E C T U A L R I Z
E P Ú B L I C O E A Z C E Q
F W P U L D I X I T A L I A
```

COMERCIAL
DIXITAL
EDICIÓN
EDUCACIÓN
FEITOS
FINANCIAMENTO
INDIVIDUAIS
INDUSTRIA
INTELECTUAL
LOCAL
REVISTAS
REDE
XORNAIS
EN LIÑA
OPINIÓN
FOTOS
PÚBLICO
RADIO

73 - Boats

```
O O L P D Q W K M Y C M R W
C N A R O C N A A E R A M L
É D B R R U T Y R Y W R E T
A A C A I O B A P K X I P R
N S W B L E D K D A R Ñ Z I
O J Q M L S P D Z S J E V P
L P C F S P A I Z X U I E U
I N W K L F U C W M L R L L
I A T E U W L W O Í R O E A
R N F I M K O B O R O C I C
X Z E N T W G Q K L D R R I
N Á U T I C A O N A C A O Ó
Y C U C E Q L M A S T R O N
Q D R Y V M O T O R X Z C A
```

ANCORA
BOIA
CANOA
TRIPULACIÓN
PEIRAO
MOTOR
BALSA
KAYAK
LAGO
MASTRO

NÁUTICA
OCÉANO
RÍO
CORDA
VELEIRO
MARIÑEIRO
MAR
MAREA
ONDAS
IATE

74 - Activities and Leisure

```
S E N D E I R O L H V P B X
M E R G U L L O I J O I U A
P S F G E Z P G E S L N J R
N J R O D Y L J A N E T V D
D J K Z J S O B R Ó I U S I
N A D A R T T B T I B R Y N
B O X E O R S R E C O A K E
B B F U Z K E U P C L M Y R
É H Q B D L C D R E F A G Í
I V D X J U N Q F F L O G A
S I H S I Z O D E A C S E P
B A T P F J L T E N I S C K
O X J R D Z A L K M I A I Z
L E J N L O B T Ú F C C Y Z
```

ARTE
BÉISBOL
BALONCESTO
BOXEO
MERGULLO
PESCA
XARDINERÍA
GOLF
SENDEIRO

AFECCIÓNS
PINTURA
FÚTBOL
SURF
NADAR
TENIS
VIAXE
VOLEIBOL

75 - Driving

```
E S T R A D A L I C E N Z A
O G I R E P G A R A X E O E
U A T T Ú N E L S W G K A T
T S C O C H E R F U L Y E X
C R Z L A Z X A M N Z Q D A
A O Á N Ó E P O L I C Í A C
M T V F D X K U I T K P D C
I O X I I R C I C U Q F I I
Ó M C C O C K H P K C Y C D
N O D F Y O O S O E R F O E
M A P A J O N G Q F F D L N
S E G U R I D A D E E V E T
M O T O C I C L E T A R V E
C O M B U S T I B L E N P O
```

ACCIDENTE
FREOS
COCHE
PERIGO
CHOFER
COMBUSTIBLE
GARAXE
GAS
LICENZA
MAPA
MOTOR
MOTOCICLETA
PEÓN
POLICÍA
ESTRADA
SEGURIDADE
VELOCIDADE
TRÁFICO
CAMIÓN
TÚNEL

76 - Professions #2

```
P I L O T O I L Q R U A Q B
R O T N E V N I O O H T K I
X F G M A S Q N F T O S P B
P A O N O V O G O L Ó I B L
I R R W N U I Ü S U R L A I
N G I D A Q F I Ó C O A J O
T Ó E H I B T S L I D N M T
O T Ñ B X N V T I R A R U E
R O E N U C E A F G R O S C
Q F X A R G W I B A T X P A
D E N T I S T A R T S E M R
C U E O C I D É M O U Z E I
D E T E C T I V O F L L S O
A S T R O N A U T A I V O T
```

ASTRONAUTA
BIÓLOGO
DENTISTA
DETECTIVO
ENXEÑEIRO
AGRICULTOR
XARDINEIRO
ILUSTRADOR
INVENTOR
XORNALISTA
BIBLIOTECARIO
LINGÜISTA
PINTOR
FILÓSOFO
FOTÓGRAFO
MÉDICO
PILOTO
CIRUXIANO
MESTRA

77 - Emotions

```
R S A M O R C B O N D A D E
E A N Z O W A P I B A Q U I
L T A C I Y L V E R G O Ñ A
A I O T N E M I R U B A C G
X S D A Y M A K T A I I C O
A F M P A Z P G R A T A D O
D E R E C O N T I D O C P V
O I X B D A R U R N E T V I
O T X A V O L M B O E Z H R
W O K H G A Z E T S I R T A
K R E L E V O R G K F L N K
D T I G X P Z J U R J M S S
H N S I M P A T Í A I K T L
S E D A D I L I U Q N A R T
```

IRA
ABURIMENTO
CALMA
CONTIDO
VERGOÑA
MEDO
GRATA
ALEGRIA
BONDADE

AMOR
PAZ
RELAXADO
RELEVO
TRISTEZA
SATISFEITO
SIMPATÍA
TENRURA
TRANQUILIDADE

78 - Mythology

```
I A R Q U E T I P O T C D C
S N R A I O A L E X B R I O
M Q M L C R Y T R Q E E V M
N M V O E R E H P D A I P
Z J I A R U T A I R C C N O
K Z N H T T M Y J L N I D R
T D G O S F A O E C O Ó A T
R P A R A F R L R O F N D A
O A N T S C U F I T B N E M
B D Z S E F T N T D A N S E
O N A N D O L K W R A L Q N
C E L O S T U R D F N D P T
N L L M V Y C R U L Z F E O
N L I C R E N Z A S O G W H
```

ARQUETIPO
COMPORTAMENTO
CRENZAS
CREACIÓN
CRIATURA
CULTURA
DIVINDADES
DESASTRE
O CEO

HEROE
INMORTALIDADE
CELOS
LENDA
RAIO
MONSTRO
MORTAL
VINGANZA
TROBO

79 - Hair Types

```
C N E G R O B T X C O R D I
U U I T O M Q I E H J R Q A
R O C E S O I V Y H W H K E
T K S U A V E L B A D U A S
O V W I A L E L K R I S G O
O N D U L A D O O B N V N Z
P R A T A C M D S U Ó X O I
F A N E I Q C A S D R V L R
X Z I P T K T Z U T R O K B
P Y F Y W I G I O C A W Z R
T M O E B S F R Z K M B K A
J Q Z X W P M Y O H B C U N
B R I L L A N T E S I R G C
F P J L Z F Y K T K O P O O
```

CALVO
NEGRO
LOURO
MARRÓN
COR
RIZOS
RIZADO
SECO
GRIS
SAUDABLE

LONGA
BRILLANTE
CURTO
PRATA
LISO
SUAVE
GROSO
FINA
ONDULADO
BRANCO

80 - Diplomacy

CONSELLEIRO
CIDADÁNS
CÍVICO
CONFLITO
DIPLOMÁTICA
DISCUSIÓN
ÉTICA
GOBERNO

HUMANITARIO
XUSTIZA
POLÍTICA
RESOLUCIÓN
SEGURIDADE
SOLUCIÓN
TRATADO

81 - Beach

```
I L L A E R A O L E H E U L
S G O T J A L L A O T W R T
I U J S L M R A L A P F U Z
H O H H G C W G D V E Q N P
V X B O Y E V O N R I P W A
F E P Y Z F T A J Q R Y M R
Y R L S A I L A D N A S B A
X G O E Y C Q B W F O J J G
F N Z Y I E H V C S N U Q U
H A E W E R A A R H A T G A
K C Q I Z R O M X V É W X S
B A R C O A A Z U L C B N V
C O S T A K F O S H O O I B
V A C A C I Ó N S A O T C S
```

AZUL
BARCO
COSTA
CANGREXO
PEIRAO
ILLA
LAGOA
OCÉANO
ARRECIFE
VELEIRO
AREA
SANDALIAS
MAR
SOL
TOALLA
PARAGUAS
VACACIÓNS

82 - Countries #1

```
V C L M L E A R S I V I S M
E Q A T E D S B N V T T D F
N L M N H K Q P H E E A Z S
E I I V A W Q F A Z X L V P
Z R V B E D X I Í Ñ G I A Y
U A P I I Z Á N N E A A G A
E K W O H A H L A G E N E S
L S O C O R R A M T Y B U Á
A I N O T E L N U E E D R M
G Q S L P P L D R X N M O A
A O L C I E L I S A R B N N
D Y R B X L J A Ñ A M E L A
M A N T E I V A I N O L O P
X V B U M N I C A R A G U A
```

BRASIL
CANADÁ
EXIPTO
FINLANDIA
ALEMAÑA
IRAK
ISRAEL
ITALIA
LETONIA
LIBIA
MARROCOS
NICARAGUA
NORUEGA
PANAMÁ
POLONIA
RUMANÍA
SENEGAL
ESPAÑA
VENEZUELA
VIETNAM

83 - Adjectives #1

```
G R A V E S R N O U E A K I
R X H M L X D D U K R T D
A C I T S Í T R A A Z O S É
Z I V O H O N E S T O M H N
Q O M S V V E T E Z D Á P T
X Z T O A I X N P S E T Z I
T I O I L T Ó A N I F I M C
F L S C I C T T L G Q C O O
D E O I O A I R Q L E O D S
H F R B S R C O F E S I E N
Ú O E M O T O P S N C Q R F
T K N A O A S M B T U W N W
I X E W K S E I B A R J O K
L B X U R F O T U L O S B A
```

ABSOLUTO
AMBICIOSO
AROMÁTICO
ARTÍSTICA
ATRACTIVO
FERMOSO
ESCURO
EXÓTICOS
XENEROSO
FELIZ

PESADO
ÚTIL
HONESTO
IDÉNTICOS
IMPORTANTE
MODERNO
GRAVES
LENTA
FINA
VALIOSO

84 - Landscapes

```
P O F Z K Q N P A Z F G I D
A R D N U T L A A U J L C E
F E A L U S N Í N E P A E S
E S P I R Í O G A L N C B E
R I E Y A X N I L L A I E R
V É N M M P A Q N V Q A R T
E G E H T X É S Á X Z R G O
N T D S Z E C J C D O M Q S
Z B O D M Q O C L D Q Z M C
A N P A N T A N O V A L U S
M O N T A Ñ A C V G H A D G
O U T E I R O Y O U V K Z P
L W Y H T B B C T V T U T B
N U B M J D L P N W A A F J
```

PRAIA
COVA
PENEDO
DESERTO
GÉISER
GLACIAR
OUTEIRO
ICEBERG
ILLA
LAGO

MONTAÑA
OCÉANO
PENÍNSULA
RÍO
MAR
PANTANO
TUNDRA
VAL
VOLCÁN
FERVENZA

85 - Visual Arts

```
O X F E P Q G A R X I L A T
S I V W L L Á P I Z B B I M
R S J D U C A R B Ó N F N M
S N I O M E O L P L A C F U
L Q Ó D A R T S E M A R B O
C A V I T C E P S R E P P T
B A E S C U L T U R A X I A
V Z B A C I M Á R E C J N R
B E B A A T S I T R A H T T
T I R J L F J O C E R A U E
N Z E N S E C L P R B T R R
W E Q E I N T S S M T S A Q
J P T Y P Z F E S H O Z Z C
M P E L Í C U L A M J C X W
```

ARTISTA
CERÁMICA
XIS
CARBÓN
ARXILA
COMPOSICIÓN
CABALETE
PELÍCULA
OBRA MESTRA

PINTURA
PLUMA
LÁPIZ
PERSPECTIVA
RETRATO
ESCULTURA
VERNIZ
CERA

86 - Plants

```
H E R B A T C T B R F K D U
H E D R A A M A J J L F F U
B S K O U M Y N C C O A O J
A O U Z Í A R E K T R B L K
E I S B P Ñ E Y S G O A L Y
G Y B Q D O C O D H G Y A A
B O O C U I E P M Q S Z D C
G T W L I E R K Y S U Q A O
P É T A L O C T Ú B M A B W
Z C O M C D X A R D Í N G W
Á R B O R E B T B A G A R A
F E R T I L I Z A N T E O X
K Q Z Y Q S B O T Á N I C A
D V E X E T A C I Ó N R A H
```

BAMBÚ
FABA
BAGA
BOTÁNICA
BUSH
CACTO
FERTILIZANTE
FLOR
FOLLADA
BOSQUE

XARDÍN
HERBA
CRECER
HEDRA
MUSGO
PÉTALO
RAÍZ
TAMAÑO
ÁRBORE
VEXETACIÓN

87 - Boxing

```
J F R Q M C L K M J C E D C
A I X Á L L A Z N L O S C O
C W Z V P O O M J R R G P P
W N I W I I H P M D O X O
F O R Z A F D T S Á A T U N
W K J N U O K O A N S A Á E
M X O V C C O X V D A D R N
A M D D F O P I U N O O B T
A F A L T A H E L U C R I E
K K B M K J H U E Y E Q T W
K Z Ó S X Z M Q T P Y U R H
R E C U P E R A C I Ó N O N
Y W P Q H X R J C O R P O Q
P U Ñ O T N A C A Y W T T Y
```

CAMPÁ
CORPO
QUEIXO
CANTO
CÓBADO
ESGOTADO
LOITADOR
PUÑO
FOCO

LUVAS
A FALTA
OPONENTE
RÁPIDO
RECUPERACIÓN
ÁRBITRO
CORDAS
FORZA

88 - Countries #2

```
I L M P N X F Q Z F R B R N
D Í U É L I B E R I A D T I
I B C C X A T A N G S K P X
N A R K T I J C T A X T A E
A N A G X N C H Z Y A C Q R
M O N V U A S O C A P S U Í
A O I L D B M D A Y Ó O I A
R U A I S L D A X G N M S A
C I G L F A I R I S A A T X
A S O A L N K U D C C L Á O
P B R P N Á Z S A Z A I N Z
X N C E P D S I A W J A C M
G K V N H U A A G R E C I A
H A I T Í S E T I O P Í A S
```

ALBANIA
DINAMARCA
ETIOPÍA
GRECIA
HAITÍ
XAMAICA
XAPÓN
LAOS
LÍBANO
LIBERIA
MÉXICO
NEPAL
NIXERÍA
PAQUISTÁN
RUSIA
SOMALIA
SUDÁN
SIRIA
UGANDA
UCRANIA

89 - Adjectives #2

```
E P R O D U T I V A H U F S
M L V A C R E A T I V O A A
A R E R R S Q X J X A Q M L
F E U G S G T U H B M N O G
S S Y Y A E A Q E R R P S A
A P U G O N C U O N J P O D
U O C G K X T O C O T A S O
D N Y Y H X W E I O L E O D
A S D E S C R I T I V O L O
B A N O V O O Z N F E K L R
L B E T Q J S T É O H Y U M
E L A R U T A N T R U L G I
I E Z K D D Z Z U T H C R Ñ
R E G A L A D O A E Q R O O
```

AUTÉNTICO
CREATIVO
DESCRITIVO
SECO
ELEGANTE
FAMOSO
REGALADO
SAUDABLE
QUENTE
FAME
NATURAL
NOVO
PRODUTIVA
ORGULLOSO
RESPONSABLE
SALGADO
DORMIÑO
FORTE

90 - Psychology

```
A T I C R S J K Y T P L E A
I P T E D A D I L A E R E V
C N R E N O T I L F N O C A
N Ó F O R S O Ñ O S S G E L
A I O L B A G N S Z A E M I
F C V F U L P X M R M B O A
N P B K Z E E I J Q E I C C
I E G U G D N M A G N N I I
E C I D E A S C A R T W Ó Ó
N R W C I J W N I Y O F N N
Z E C L Í N I C A A S I S Q
L P C U Y S G D K X S E J C
P E R S O N A L I D A D E J
C O M P O R T A M E N T O J
```

CITA
AVALIACIÓN
COMPORTAMENTO
INFANCIA
CLÍNICA
CONFLITO
SOÑOS
EGO
EMOCIÓNS
IDEAS
INFLUENCIAS
PERCEPCIÓN
PERSONALIDADE
PROBLEMA
REALIDADE
TERAPIA
PENSAMENTOS

91 - Math

```
P P I W R E C T Á N G U L O
A S O L U G N Á V O L U M E
R R S L A R I T M É T I C A
A E O N Í H Q U N C X A W F
L F R B J G R A D I O I U G
E R E R D G O L E L A R A P
L A M I C E D N J F P T H E
O C Ú E Z H J O N E E E M
G C N D I Á M E T R O M C F
R I C I H W E C U A C I Ó N
A Ó D I V I S I Ó N Z S Y G
M N X E O M E T R Í A A Z F
O P E R Í M E T R O U O R W
E X P O N E N T E Z A P J P
```

ÁNGULOS
ARITMÉTICA
DECIMAL
DIÁMETRO
DIVISIÓN
ECUACIÓN
EXPONENTE
FRACCIÓN
XEOMETRÍA
NÚMEROS
PARALELO
PARALELOGRAMO
PERÍMETRO
POLÍGONO
RADIO
RECTÁNGULO
PRAZA
SIMETRIA
VOLUME

92 - Water

```
Z O A H G D H C A B Y Q T H
Y C K H Ú I E L A E P R I E
P É U U N M A D Y A A N F H
B A X M Á B I U N D S J Q M
C N P I C S A D N O Q B N G
F O O D A H P B O X E O Í R
D T U A R L U G É I S E R U
N U R D U H Q V T S K L O M
R L C E F A P E I L F N P O
E H U H N X Q V A A J A A N
N Ó I C A R O P A V E C V Z
R E G A D A E X N E V E F Ó
K E B X C J G L A G O Q C N
I N U N D A C I Ó N Q O Y R
```

CANLE
HÚMIDO
EVAPORACIÓN
INUNDACIÓN
XEADA
GÉISER
FURACÁN
XEO
REGA
LAGO

HUMIDADE
MONZÓN
OCÉANO
CHUVIA
RÍO
DUCHA
NEVE
VAPOR
ONDAS

93 - Business

```
B E C A R R E I R A V G A H
E I M D M X E M P R E S A E
N M F P I E E F Á B R I C A
E P I M R Ñ L R X L E Y L N
F O N D Q E E C A Z M O R I
I S A O M O G I Y L P Y F C
C T N K I T X O R E R T E I
I O Z A D N E T I O E C Z F
O S A D N E R N F T G G L O
F A S E V M T O J S A F C L
X Y N O K A X C A U D N Y W
V F M M U Z S S Y C O V L A
D N S S D R I E S D B G D P
R Q Q P Q O J D V E N D A U
```

ORZAMENTO
CARREIRA
EMPRESA
CUSTO
MOEDA
DESCONTO
EMPREGADO
EMPREGO
FÁBRICA

FINANZAS
RENDA
XERAL
DIÑEIRO
OFICINA
BENEFICIO
VENDA
TENDA
IMPOSTOS

94 - The Company

```
R T Q G L O B A L W I K R D
B R V U H G R E C U R S O S
P T K Q U E V P N L Z O U S
C R Q N H R V R Ó C R I N A
D A O K I P U O I E C I D
T E L G E M K D C N P O D J
T J C I R E P U A G U G A R
A V V I D E U T T R T E D I
A M V H S A S O N E A N E S
S O L D O I D O E S C M S C
H I E Q G V Ó E S O I T U O
L U C Q T Q B N E S Ó C H S
I N N O V A D O R A N E C F
C R E A T I V O P J I U K R
```

NEGOCIOS
CREATIVO
DECISIÓN
EMPREGO
GLOBAL
INNOVADORA
PRESENTACIÓN
PRODUTO
PROGRESO
CALIDADE
REPUTACIÓN
RECURSOS
INGRESOS
RISCOS
UNIDADES
SOLDO

95 - Literature

```
D C B M T P M S A C T F O S
E O M T I R H T B C K I P R
S M A N Á L I S E U V C I M
C P T H V X P A S K J C N V
R A L E V O N O U M C I I E
I R J W Q M O V É T F Ó Ó S
C A C R Í T I C A T O N N T
I C P O E M A H A M I R R I
Ó I M E T Á F O R A E C J L
N Ó I S U L C N O C F T A O
H N A Z Y H D D I Á L O G O
Z H J E G A N É C D O T A A
Z L A N A L O X Í A U N G B
T R A X E D I A R N N U A V
```

ANALOXÍA
ANÁLISE
ANÉCDOTA
AUTOR
COMPARACIÓN
CONCLUSIÓN
CRÍTICA
DESCRICIÓN
DIÁLOGO
FICCIÓN
METÁFORA
NOVELA
OPINIÓN
POEMA
POÉTICA
RIMA
RITMO
ESTILO
TEMA
TRAXEDIA

96 - Geography

```
J D H V O Í R P F L N M R C
Z V W R C M E V M A K E E O
T D S M É J Z A A T K R X N
N E E D A D I C T I H I I T
E T R O N L K I O T E D Ó I
E R U R O P X O I U L I N N
W S S O I M N J R D E A Q E
M Í Y O E T P X E E V N U N
X A P A M S O F F Y A O R T
G P R W I A T R S D C D G E
T V Y V L L J E I Q I N E G
U Q C U L T W J M O Ú U X H
M L K B A A R C E P N M Z O
M O N T A Ñ A T H U X K V D
```

ATLAS
CIDADE
CONTINENTE
PAÍS
ELEVACIÓN
HEMISFERIO
ILLA
LATITUDE
MAPA
MERIDIANO
MONTAÑA
NORTE
OCÉANO
REXIÓN
RÍO
MAR
SUR
TERRITORIO
OESTE
MUNDO

97 - Pets

```
C L G O N Q G P L M B P W B
C O R R E A Y U E S I R H W
T T U R N C C Q J I Z M V U
C A S O T A G O H G X Y L L
O R X H C V G I S G A E A P
L L Z C F S I R O A S C G A
A Y O A G U R A T R A T A P
R S Ñ C N V M N N A T G R A
B I I V I U G I E D A G T G
A J T B F K U R M H P X O A
C T A G U A J E I M G Q R I
R C G S L X N T L U C D Y O
C O E L L O W E A R S I S U
H Á M S T E R V R K O F A C
```

GATO
COLO
VACA
CAN
PEIXE
ALIMENTOS
CABRA
HÁMSTER
GATIÑO
CORREA
LAGARTO
RATO
PAPAGAIO
PATAS
CACHORRO
COELLO
COLA
TARTARUGA
VETERINARIO
AUGA

98 - Jazz

```
O B M Z O Á L B U M F É N S
O T U Y J R L X Z K A N X C
N A Z U A Y Q M L F M F É O
Ó L X F I P E U H G O A N N
I E F R T X L I E R S S E C
C N T O A A T A B S O E R E
I T F T V U Q E U B T F O R
S O T I R O V A F S Y R W T
O V Z S R C N C G O O K A O
P E T O A R T I S T A S J L
M L A P W A J S O A Y Z C I
O L O M T I R Ú M T H S S T
C O X O G U I M E V F P Y S
N Ó I C N A C V B V S P L E
```

ÁLBUM
APLAUSOS
ARTISTA
COMPOSITOR
COMPOSICIÓN
CONCERTO
ÉNFASE
FAMOSO
FAVORITOS
XÉNERO
MÚSICA
NOVO
VELLO
ORQUESTRA
RITMO
CANCIÓN
ESTILO
TALENTO

99 - Nature

```
S A L V A X E T L N U R Z I
A N I M A I S R M E U G D O
F O L L A D A O G I R B A C
P D N É B O A P L J X B E V
E A I M U C Q I B L W E V S
R R C N J N E C B E L E Z A
O Í R Í Á Z K A S E R E N O
S O X T F M X L V I T A L G
I O D Z Q I I T C T A Z B L
Ó Y R A U U C C U X O X O A
N R Y B W H V O A B V J S C
M O N T A Ñ A S W D F S Q I
D E S E R T O C I T R Á U A
R F P D N A B E L L A S E R
```

ANIMAIS
ÁRTICO
BELEZA
ABELLAS
NUBES
DESERTO
DINÁMICA
EROSIÓN
NÉBOA
FOLLADA

BOSQUE
GLACIAR
MONTAÑAS
PACÍFICO
RÍO
SERENO
ABRIGO
TROPICAL
VITAL
SALVAXE

100 - Vacation #2

```
L B W R X T M O N T A Ñ A S
N E R T G A P A M H A O L D
E M C Z C X D F N K O W L R
G W B E U I E N T A A T I I
P C K H R P S A E D H H E D
K V L T J B T R Q T N P K L
P T I Z N W I X B A R J O F
N J S O Y S N Ó I C A C A V
M A R E F E O Z V A Q V I K
E S T R A N X E I R A I A B
E S T R A N X E I R O A R C
R E S E R V A S W P M X P G
T R A N S P O R T E G E M A
P A S A P O R T E J Z T W A
```

PRAIA
DESTINO
ESTRANXEIRA
ESTRANXEIRO
VACACIÓNS
HOTEL
ILLA
VIAXE
LECER

MAPA
MONTAÑAS
PASAPORTE
RESERVAS
MAR
TAXI
TENDA
TREN
TRANSPORTE

1 - Antiques

2 - Food #1

3 - Measurements

4 - Farm #2

5 - Books

6 - Meditation

7 - Days and Months

8 - Energy

9 - Chess

10 - Archeology

11 - Food #2

12 - Chemistry

13 - Music

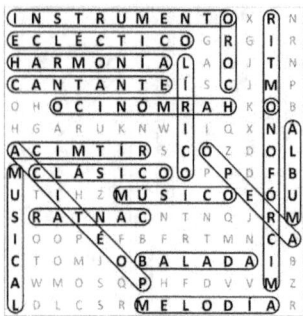

14 - Family

15 - Farm #1

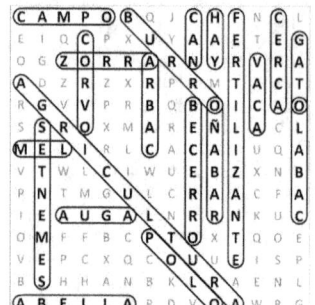

16 - Camping

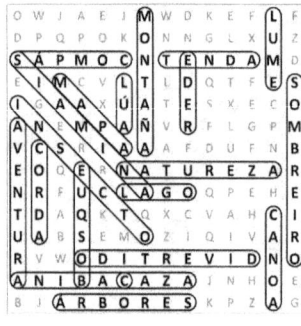

17 - Algebra

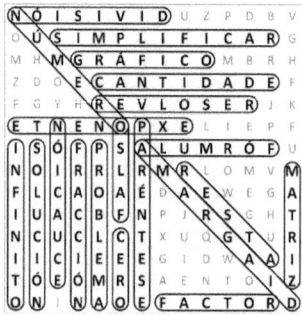

18 - Numbers

19 - Spices

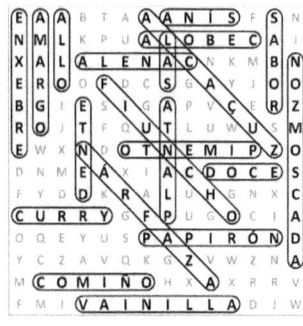

20 - Universe

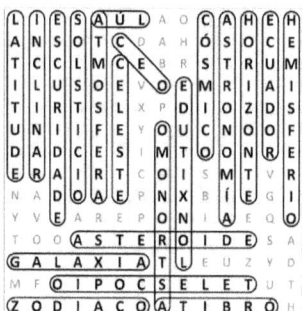

21 - Mammals

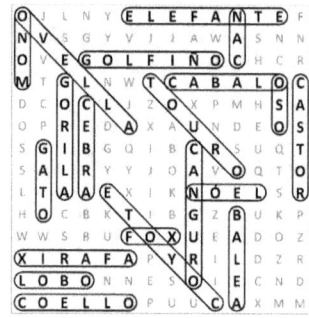

22 - Restaurant #1

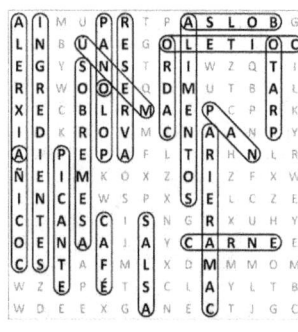

23 - Bees

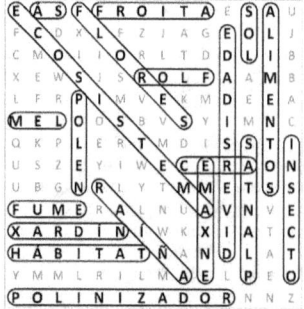

24 - Photography

25 - Weather

26 - Adventure

27 - Sport

28 - Circus

29 - Restaurant #2

30 - Geology

31 - House

32 - Physics

33 - Dance

34 - Coffee

35 - Shapes

36 - Scientific Disciplines

37 - Science

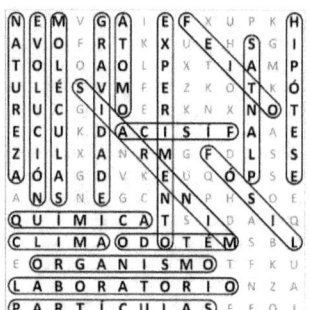

38 - Beauty

39 - Clothes

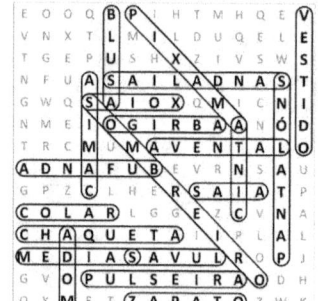

40 - Insects

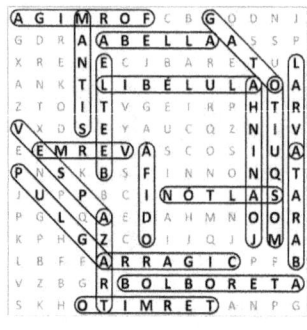

41 - Astronomy

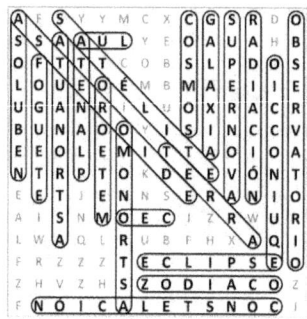

42 - Health and Wellness #2

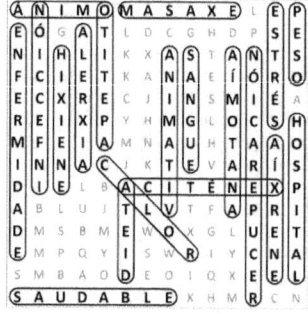

43 - Time

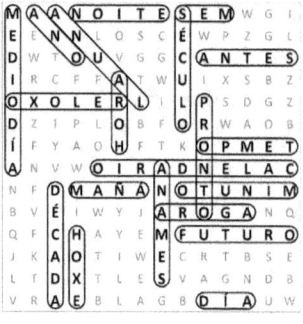

44 - Buildings

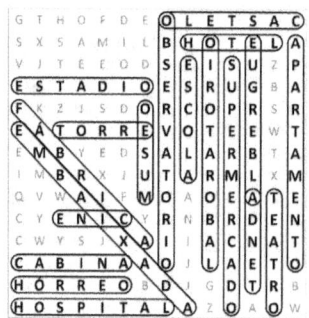

45 - Philanthropy

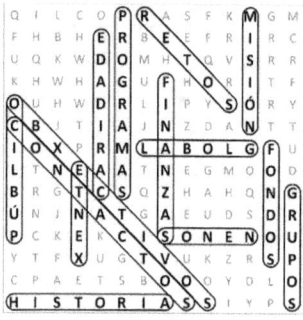

46 - Herbalism

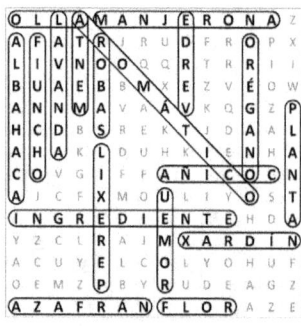

47 - Vehicles

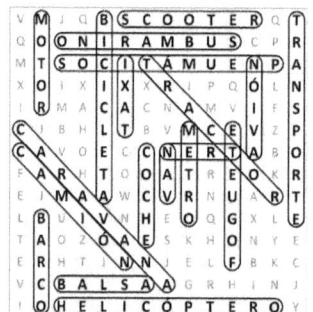

48 - Flowers

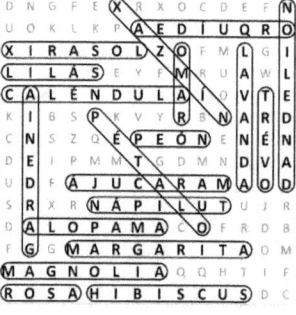

49 - Health and Wellness #1

50 - Town

51 - Antarctica

52 - Ballet

53 - Fashion

54 - Human Body

55 - Musical Instruments

56 - Fruit

57 - Engineering

58 - Government

59 - Science Fiction

60 - Geometry

61 - Creativity

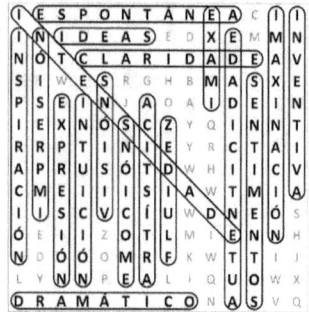

62 - Airplanes

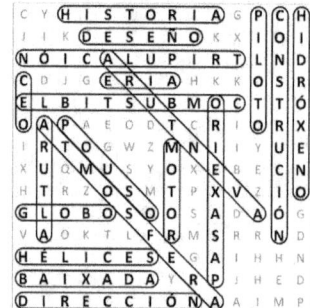

63 - Ocean

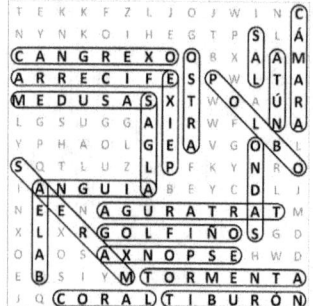

64 - Birds

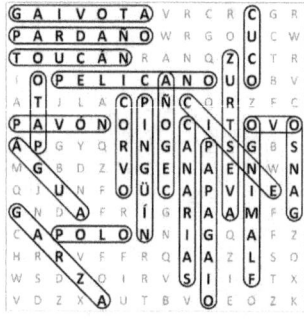

65 - Art

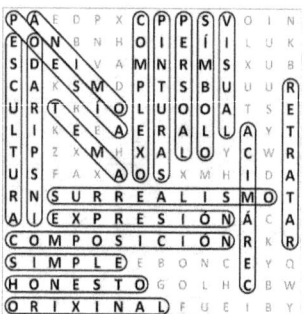

66 - Politics

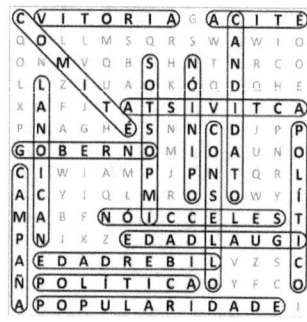

67 - Nutrition

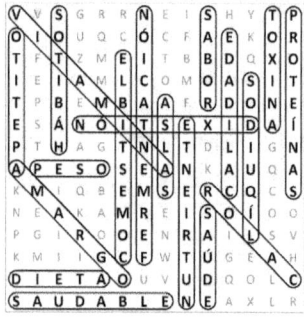

68 - Hiking

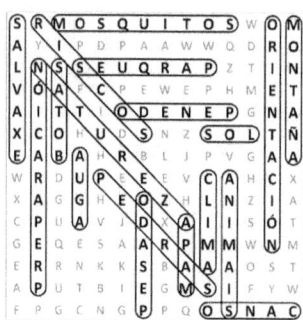

69 - Professions #1

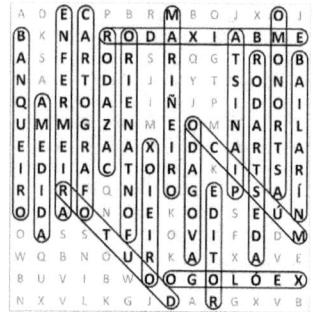

70 - Barbecues

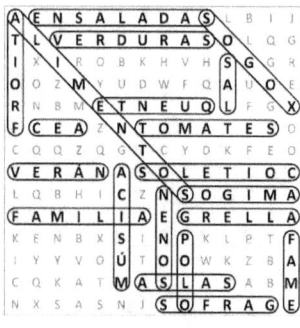

71 - Vegetables

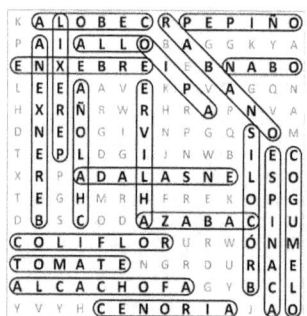

72 - The Media

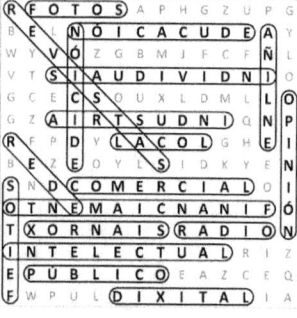

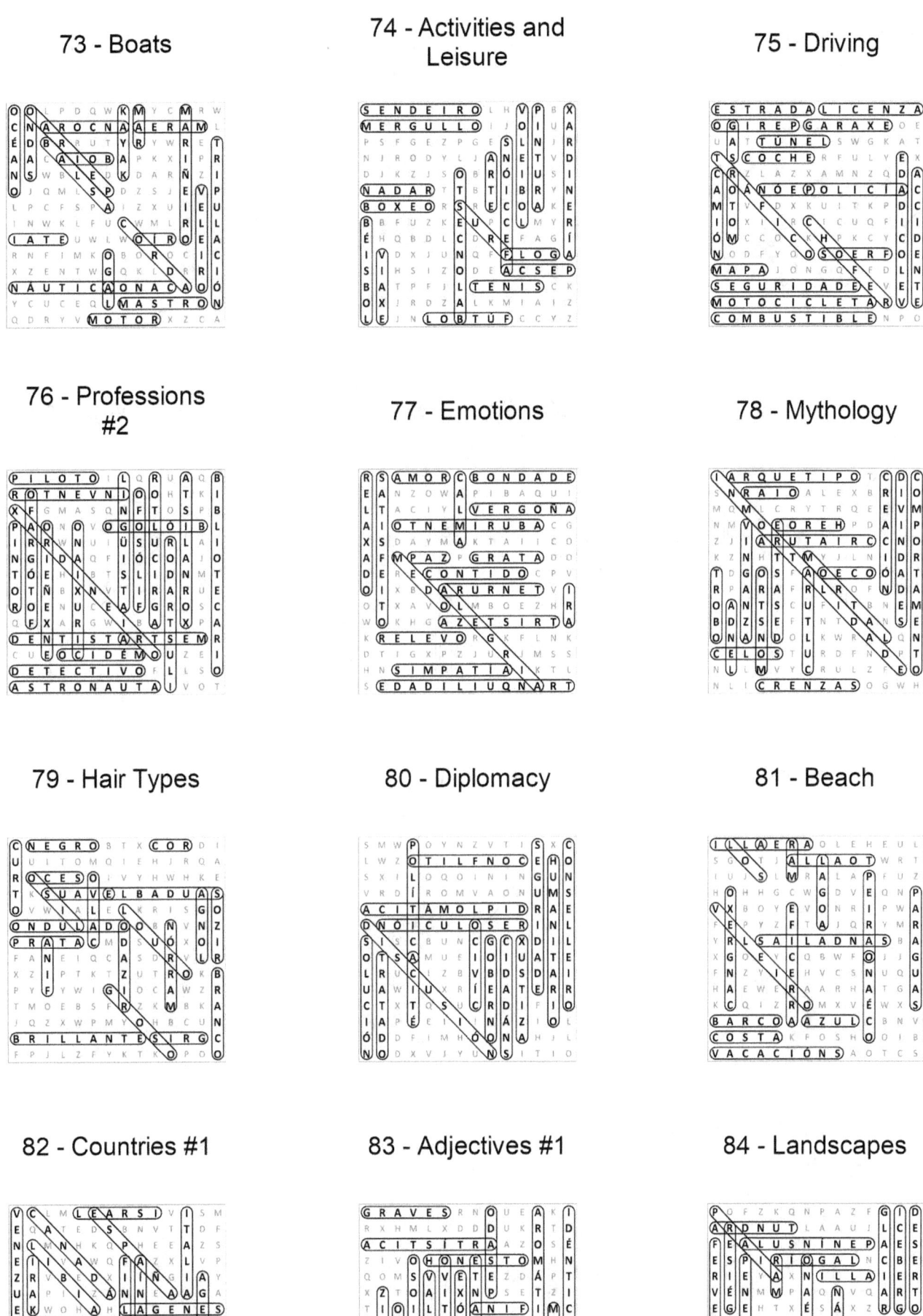

85 - Visual Arts

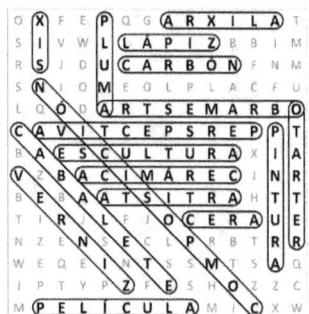

86 - Plants

87 - Boxing

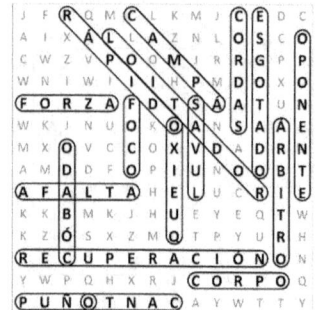

88 - Countries #2

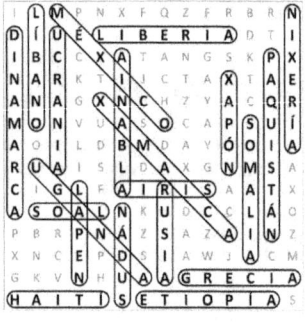

89 - Adjectives #2

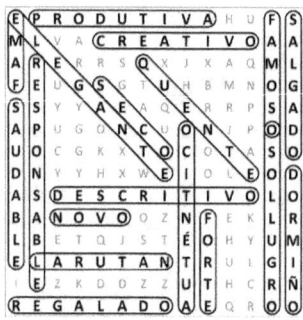

90 - Psychology

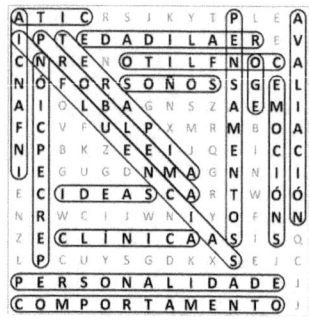

91 - Math

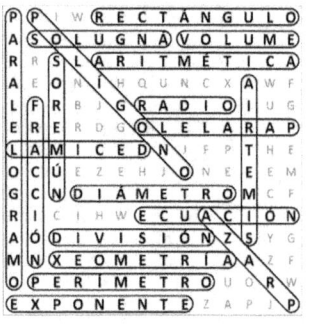

92 - Water

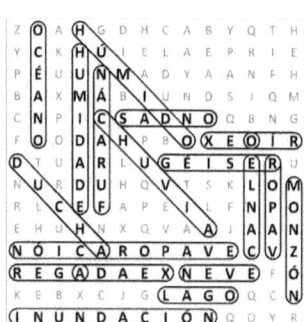

93 - Business

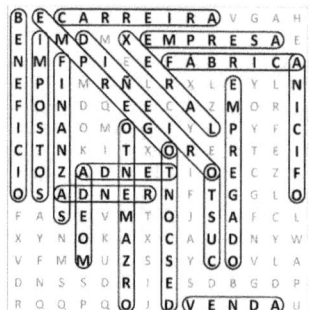

94 - The Company

95 - Literature

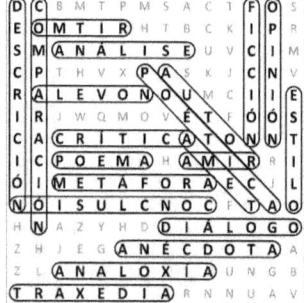

96 - Geography

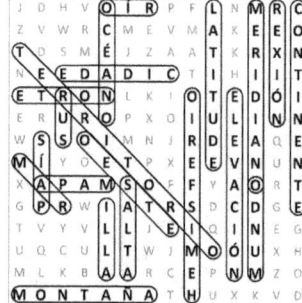

97 - Pets

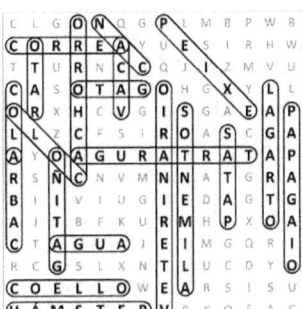

98 - Jazz

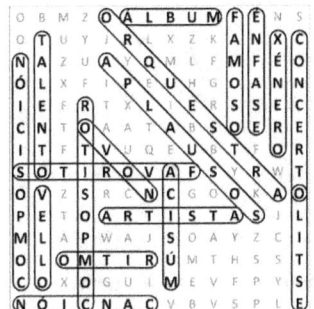

99 - Nature

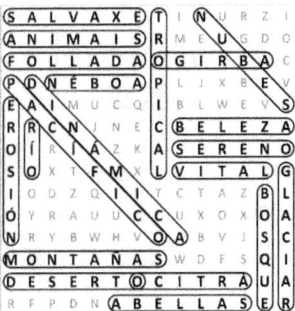

100 - Vacation #2

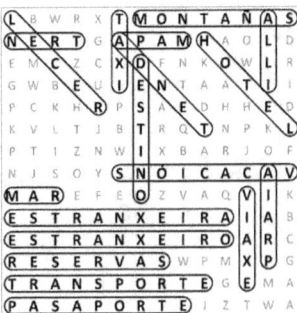

Dictionary

Activities and Leisure
Actividades e de Lecer

Art	Arte
Baseball	Béisbol
Basketball	Baloncesto
Boxing	Boxeo
Diving	Mergullo
Fishing	Pesca
Gardening	Xardinería
Golf	Golf
Hiking	Sendeiro
Hobbies	Afeccións
Painting	Pintura
Soccer	Fútbol
Surfing	Surf
Swimming	Nadar
Tennis	Tenis
Travel	Viaxe
Volleyball	Voleibol

Adjectives #1
Adxectivos #1

Absolute	Absoluto
Ambitious	Ambicioso
Aromatic	Aromático
Artistic	Artística
Attractive	Atractivo
Beautiful	Fermoso
Dark	Escuro
Exotic	Exóticos
Generous	Xeneroso
Happy	Feliz
Heavy	Pesado
Helpful	Útil
Honest	Honesto
Identical	Idénticos
Important	Importante
Modern	Moderno
Serious	Graves
Slow	Lenta
Thin	Fina
Valuable	Valioso

Adjectives #2
Adxectivos #2

Authentic	Auténtico
Creative	Creativo
Descriptive	Descritivo
Dry	Seco
Elegant	Elegante
Famous	Famoso
Gifted	Regalado
Healthy	Saudable
Hot	Quente
Hungry	Fame
Interesting	Interesante
Natural	Natural
New	Novo
Productive	Produtiva
Proud	Orgulloso
Responsible	Responsable
Salty	Salgado
Sleepy	Dormiño
Strong	Forte
Wild	Salvaxe

Adventure
Aventura

Activity	Actividade
Beauty	Beleza
Bravery	Bravura
Challenges	Retos
Chance	Oportunidade
Dangerous	Perigoso
Destination	Destino
Difficulty	Dificultade
Enthusiasm	Entusiasmo
Excursion	Excursión
Friends	Amigos
Joy	Alegria
Nature	Natureza
Navigation	Navegación
New	Novo
Preparation	Preparación
Safety	Seguridade
Travels	Viaxa
Unusual	Rara

Airplanes
Avións

Adventure	Aventura
Air	Aire
Atmosphere	Atmosfera
Balloon	Globo
Construction	Construción
Crew	Tripulación
Descent	Baixada
Design	Deseño
Direction	Dirección
Engine	Motor
Fuel	Combustible
Height	Altura
History	Historia
Hydrogen	Hidróxeno
Landing	Pouso
Passenger	Pasaxeiro
Pilot	Piloto
Propellers	Hélices
Sky	Ceo
Turbulence	Turbulencia

Algebra
Álxebra

Diagram	Diagrama
Division	División
Equation	Ecuación
Exponent	Exponente
Factor	Factor
False	Falso
Formula	Fórmula
Fraction	Fracción
Graph	Gráfico
Infinite	Infinito
Matrix	Matriz
Number	Número
Parenthesis	Paréntese
Problem	Problema
Quantity	Cantidade
Simplify	Simplificar
Solution	Solución
Solve	Resolver
Subtraction	Resta
Zero	Cero

Antarctica
Antártida

Bay	Baia
Birds	Aves
Clouds	Nubes
Conservation	Conservación
Continent	Continente
Cove	Enseada
Expedition	Expedición
Geography	Xeografía
Glaciers	Glaciares
Ice	Xeo
Islands	Illas
Migration	Migración
Minerals	Minerais
Peninsula	Península
Researcher	Investigador
Rocky	Rocky
Scientific	Científico
Temperature	Temperatura
Topography	Topografía
Water	Auga

Antiques
Antigüidades

Art	Arte
Auction	Poxa
Authentic	Auténtico
Century	Século
Coins	Moedas
Decades	Décadas
Decorative	Decorativos
Elegant	Elegante
Furniture	Mobiliario
Gallery	Galería
Investment	Investimento
Jewelry	Xoias
Old	Vello
Price	Prezo
Quality	Calidade
Restoration	Restauración
Sculpture	Escultura
Style	Estilo
Unusual	Rara
Value	Valor

Archeology
Arqueoloxía

Analysis	Análise
Antiquity	Antigüidade
Bones	Osos
Civilization	Civilización
Descendant	Descendente
Era	Era
Evaluation	Avaliación
Expert	Experto
Forgotten	Esquecido
Fossil	Fósil
Fragments	Fragmentos
Mystery	Misterio
Objects	Obxectos
Professor	Profesor
Relic	Reliquia
Researcher	Investigador
Team	Equipo
Temple	Templo
Tomb	Tumba
Unknown	Descoñecido

Art
Arte

Ceramic	Cerámica
Complex	Complexo
Composition	Composición
Expression	Expresión
Honest	Honesto
Inspired	Inspirado
Mood	Ánimo
Original	Orixinal
Paintings	Pinturas
Personal	Persoal
Poetry	Poesía
Portray	Retratar
Sculpture	Escultura
Simple	Simple
Subject	Tema
Surrealism	Surrealismo
Symbol	Símbolo
Visual	Visual

Astronomy
Astronomía

Asteroid	Asteroide
Astronaut	Astronauta
Astronomer	Astronomo
Constellation	Constelación
Cosmos	Cosmos
Earth	Terra
Eclipse	Eclipse
Equinox	Equinoccio
Galaxy	Galaxia
Meteor	Meteoro
Moon	Lúa
Nebula	Nebulosa
Observatory	Observatorio
Planet	Planeta
Radiation	Radiación
Rocket	Foguete
Satellite	Satélite
Sky	Ceo
Supernova	Supernova
Zodiac	Zodiaco

Ballet
Ballet

Applause	Aplausos
Artistic	Artística
Audience	Público
Choreography	Coreografía
Composer	Compositor
Dancers	Bailaríns
Expressive	Expresivo
Gesture	Xesto
Graceful	Graciosa
Intensity	Intensidade
Muscles	Músculos
Music	Música
Orchestra	Orquestra
Rehearsal	Ensaio
Rhythm	Ritmo
Style	Estilo
Technique	Técnica

Barbecues
Grellas

Chicken	Polo
Children	Nenos
Dinner	Cea
Family	Familia
Food	Alimentos
Forks	Garfos
Friends	Amigos
Fruit	Froita
Games	Xogos
Grill	Grella
Hot	Quente
Hunger	Fame
Knives	Coitelos
Music	Música
Salads	Ensaladas
Salt	Sal
Sauce	Salsa
Summer	Verán
Tomatoes	Tomates
Vegetables	Verduras

Beach
Praia

Blue	Azul
Boat	Barco
Coast	Costa
Crab	Cangrexo
Dock	Peirao
Island	Illa
Lagoon	Lagoa
Ocean	Océano
Reef	Arrecife
Sailboat	Veleiro
Sand	Area
Sandals	Sandalias
Sea	Mar
Sun	Sol
Towel	Toalla
Umbrella	Paraguas
Vacation	Vacacións

Beauty
Beleza

Charm	Encanto
Color	Cor
Cosmetics	Cosmética
Curls	Rizos
Elegance	Elegancia
Elegant	Elegante
Fragrance	Fragancia
Grace	Graza
Lipstick	Batom
Mascara	Máscara
Mirror	Espello
Oils	Aceites
Photogenic	Fotoxénica
Products	Produtos
Scent	Perfume
Scissors	Tesoira
Services	Servizos
Shampoo	Champú
Skin	Pel
Stylist	Deseñador

Bees
Abellas

Beneficial	Beneficioso
Blossom	Flor
Diversity	Diversidade
Ecosystem	Ecosistema
Flowers	Flores
Food	Alimentos
Fruit	Froita
Garden	Xardín
Habitat	Hábitat
Honey	Mel
Insect	Insecto
Plants	Plantas
Pollen	Polen
Pollinator	Polinizador
Queen	Raíña
Smoke	Fume
Sun	Sol
Swarm	Enxame
Wax	Cera
Wings	Ás

Birds
Aves

Canary	Canarias
Chicken	Polo
Crow	Corvo
Cuckoo	Cuco
Duck	Pato
Eagle	Água
Egg	Ovo
Flamingo	Flamingo
Goose	Ganso
Gull	Gaivota
Heron	Garza
Ostrich	Avestruz
Parrot	Papagaio
Peacock	Pavón
Pelican	Pelicano
Penguin	Pingüín
Sparrow	Pardaño
Stork	Cegoña
Swan	Cisne
Toucan	Toucán

Boats
Barcos

Anchor	Ancora
Buoy	Boia
Canoe	Canoa
Crew	Tripulación
Dock	Peirao
Engine	Motor
Ferry	Balsa
Kayak	Kayak
Lake	Lago
Mast	Mastro
Nautical	Náutica
Ocean	Océano
River	Río
Rope	Corda
Sailboat	Veleiro
Sailor	Mariñeiro
Sea	Mar
Tide	Marea
Waves	Ondas
Yacht	Iate

Books
Libros

Adventure	Aventura
Author	Autor
Character	Personaxe
Collection	Colección
Context	Contexto
Duality	Dualidade
Epic	Épico
Historical	Histórico
Humorous	Humóticos
Inventive	Inventiva
Literary	Literario
Novel	Novela
Page	Páxina
Poem	Poema
Poetry	Poesía
Reader	Lector
Relevant	Relevante
Story	Conto
Tragic	Tráxico
Written	Escrito

Boxing
Boxeo

Bell	Campá
Body	Corpo
Chin	Queixo
Corner	Canto
Elbow	Cóbado
Exhausted	Esgotado
Fighter	Loitador
Fist	Puño
Focus	Foco
Gloves	Luvas
Kick	A Falta
Opponent	Oponente
Quick	Rápido
Recovery	Recuperación
Referee	Árbitro
Ropes	Cordas
Strength	Forza

Buildings
Edificios

Apartment	Apartamento
Barn	Hórreo
Cabin	Cabina
Castle	Castelo
Cinema	Cine
Embassy	Embaixada
Factory	Fábrica
Hospital	Hospital
Hostel	Albergue
Hotel	Hotel
Laboratory	Laboratorio
Museum	Museo
Observatory	Observatorio
School	Escola
Stadium	Estadio
Supermarket	Supermercado
Tent	Tenda
Theater	Teatro
Tower	Torre
University	Universidade

Business
Negocios

Budget	Orzamento
Career	Carreira
Company	Empresa
Cost	Custo
Currency	Moeda
Discount	Desconto
Employee	Empregado
Employer	Emprego
Factory	Fábrica
Finance	Finanzas
Income	Renda
Investment	Investimento
Manager	Xeral
Money	Diñeiro
Office	Oficina
Profit	Beneficio
Sale	Venda
Shop	Tenda
Taxes	Impostos
Transaction	Transacción

Camping
Camping

Adventure	Aventura
Animals	Animais
Cabin	Cabina
Canoe	Canoa
Compass	Compás
Fire	Lume
Forest	Bosque
Fun	Divertido
Hammock	Rede
Hat	Sombreiro
Hunting	Caza
Insect	Insecto
Lake	Lago
Map	Mapa
Moon	Lúa
Mountain	Montaña
Nature	Natureza
Rope	Corda
Tent	Tenda
Trees	Árbores

Chemistry
Química

Acid	Ácido
Alkaline	Alcalino
Atomic	Atómica
Carbon	Carbono
Catalyst	Catalizador
Chlorine	Cloro
Electron	Electrón
Enzyme	Enzima
Gas	Gas
Heat	Calor
Hydrogen	Hidróxeno
Ion	Ion
Liquid	Líquido
Molecule	Molécula
Nuclear	Nuclear
Organic	Orgánica
Oxygen	Osíxeno
Salt	Sal
Temperature	Temperatura
Weight	Peso

Chess
Xadrez

Black	Negro
Challenges	Retos
Champion	Campión
Contest	Concurso
Diagonal	Diagonal
Game	Xogo
King	Rei
Opponent	Oponente
Passive	Pasiva
Player	Xogador
Queen	Raíña
Rules	Regras
Strategy	Estratexia
Time	Tempo
To Learn	Aprender
Tournament	Torneo
White	Branco

Circus
Circo

Acrobat	Acrobata
Animals	Animais
Balloons	Globos
Candy	Doce
Clown	Pallaso
Costume	Traxe
Elephant	Elefante
Entertain	Divertir
Juggler	Malabarista
Lion	León
Magic	Maxia
Magician	Mago
Monkey	Mono
Music	Música
Show	Mostra
Spectacular	Espectacular
Spectator	Espectador
Tent	Tenda
Tiger	Tigre
Trick	Truco

Clothes
Roupa

Apron	Aventisl
Belt	Cinta
Blouse	Blusa
Bracelet	Pulseira
Coat	Abrigo
Dress	Vestido
Fashion	Moda
Gloves	Luvas
Hat	Sombreiro
Jacket	Chaqueta
Jewelry	Xoias
Necklace	Colar
Pajamas	Pixama
Pants	Pantalóns
Sandals	Sandalias
Scarf	Bufanda
Shoe	Zapato
Skirt	Saia
Socks	Medias
Sweater	Camisa

Coffee
Café

Acidic	Ácido
Aroma	Aroma
Beverage	Bebida
Bitter	Amargo
Black	Negro
Caffeine	Cafeína
Cream	Crema
Cup	Copa
Filter	Filtro
Flavor	Sabor
Grind	Moer
Liquid	Líquido
Milk	Leite
Morning	Mañá
Origin	Orixe
Price	Prezo
Sugar	Azucre
Variety	Variedade
Water	Auga

Countries #1
Países #1

Brazil	Brasil
Canada	Canadá
Egypt	Exipto
Finland	Finlandia
Germany	Alemaña
Iraq	Irak
Israel	Israel
Italy	Italia
Latvia	Letonia
Libya	Libia
Morocco	Marrocos
Nicaragua	Nicaragua
Norway	Noruega
Panama	Panamá
Poland	Polonia
Romania	Rumanía
Senegal	Senegal
Spain	España
Venezuela	Venezuela
Vietnam	Vietnam

Countries #2
Países #2

Albania	Albania
Denmark	Dinamarca
Ethiopia	Etiopía
Greece	Grecia
Haiti	Haití
Jamaica	Xamaica
Japan	Xapón
Laos	Laos
Lebanon	Líbano
Liberia	Liberia
Mexico	México
Nepal	Nepal
Nigeria	Nixería
Pakistan	Paquistán
Russia	Rusia
Somalia	Somalia
Sudan	Sudán
Syria	Siria
Uganda	Uganda
Ukraine	Ucrania

Creativity
Creatividade

Artistic	Artística
Authenticity	Autenticidade
Clarity	Claridade
Dramatic	Dramático
Emotions	Emocións
Expression	Expresión
Feelings	Sentimentos
Fluidity	Fluidez
Ideas	Ideas
Image	Imaxe
Imagination	Imaxinación
Impression	Impresión
Inspiration	Inspiración
Intensity	Intensidade
Intuition	Intuición
Inventive	Inventiva
Spontaneous	Espontánea
Visions	Visións
Vitality	Vitalidade

Dance
Danza

Academy	Academia
Art	Arte
Body	Corpo
Choreography	Coreografía
Classical	Clásico
Cultural	Cultural
Culture	Cultura
Emotion	Emoción
Expressive	Expresivo
Grace	Graza
Joyful	Alegre
Music	Música
Partner	Compañeiro
Posture	Postura
Rehearsal	Ensaio
Rhythm	Ritmo
Traditional	Tradicional
Visual	Visual

Days and Months
Días e Meses

April	Abril
August	Agosto
Calendar	Calendario
February	Febreiro
Friday	Venres
January	Xaneiro
July	Xullo
March	Marzo
Monday	Luns
Month	Mes
November	Novembro
October	Outubro
Saturday	Sábado
September	Setembro
Sunday	Domingo
Thursday	Xoves
Tuesday	Martes
Wednesday	Mércores
Week	Semana
Year	Ano

Diplomacy
Diplomacia

Adviser	Conselleiro
Ambassador	Embaixador
Citizens	Cidadáns
Civic	Cívico
Community	Comunidade
Conflict	Conflito
Cooperation	Cooperación
Diplomatic	Diplomática
Discussion	Discusión
Embassy	Embaixada
Ethics	Ética
Government	Goberno
Humanitarian	Humanitario
Integrity	Integridade
Justice	Xustiza
Politics	Política
Resolution	Resolución
Security	Seguridade
Solution	Solución
Treaty	Tratado

Driving
Condución

Accident	Accidente
Brakes	Freos
Car	Coche
Danger	Perigo
Driver	Chofer
Fuel	Combustible
Garage	Garaxe
Gas	Gas
License	Licenza
Map	Mapa
Motor	Motor
Motorcycle	Motocicleta
Pedestrian	Peón
Police	Policía
Road	Estrada
Safety	Seguridade
Speed	Velocidade
Traffic	Tráfico
Truck	Camión
Tunnel	Túnel

Emotions
Emocións

Anger	Ira
Boredom	Aburimento
Calm	Calma
Content	Contido
Embarrassed	Vergoña
Fear	Medo
Grateful	Grata
Joy	Alegria
Kindness	Bondade
Love	Amor
Peace	Paz
Relaxed	Relaxado
Relief	Relevo
Sadness	Tristeza
Satisfied	Satisfeito
Sympathy	Simpatía
Tenderness	Tenrura
Tranquility	Tranquilidade

Energy
Enerxía

Battery	Batería
Carbon	Carbono
Diesel	Diesel
Electric	Eléctrico
Electron	Electrón
Entropy	Entropía
Fuel	Combustible
Gasoline	Gasolina
Heat	Calor
Hydrogen	Hidróxeno
Industry	Industria
Motor	Motor
Nuclear	Nuclear
Photon	Fotón
Pollution	Contaminación
Renewable	Renovables
Steam	Vapor
Sun	Sol
Turbine	Turbina
Wind	Vento

Engineering
Enxeñaría

Angle	Ángulo
Axis	Eixo
Calculation	Cálculo
Construction	Construción
Depth	Profundidade
Diagram	Diagrama
Diameter	Diámetro
Diesel	Diesel
Distribution	Distribución
Energy	Enerxía
Gears	Engrenaxes
Levers	Palancas
Liquid	Líquido
Machine	Máquina
Measurement	Medición
Motor	Motor
Propulsion	Propulsión
Stability	Estabilidade
Strength	Forza
Structure	Estrutura

Family
Familia

Ancestor	Ancestral
Aunt	Tía
Brother	Irmán
Child	Neno
Childhood	Infancia
Children	Nenos
Cousin	Primá
Daughter	Filla
Father	Pai
Grandfather	Avó
Grandson	Neto
Husband	Home
Maternal	Materna
Mother	Nai
Nephew	Sobriño
Niece	Sobriña
Paternal	Paterna
Sister	Irmá
Uncle	Tío
Wife	Esposa

Farm #1
Facenda #1

Agriculture	Agricultura
Bee	Abella
Calf	Becerro
Cat	Gato
Chicken	Polo
Cow	Vaca
Crow	Corvo
Dog	Can
Donkey	Burro
Fence	Cerca
Fertilizer	Fertilizante
Field	Campo
Flock	Rabaño
Goat	Cabra
Hay	Hay
Honey	Mel
Horse	Cabalo
Rice	Arroz
Seeds	Sementes
Water	Auga

Farm #2
Facenda #2

Animals	Animais
Barley	Cebada
Barn	Hórreo
Beehive	Colmeira
Corn	Millo
Duck	Pato
Farmer	Agricultor
Food	Alimentos
Fruit	Froita
Irrigation	Rega
Lamb	Cordeiro
Meadow	Prado
Milk	Leite
Orchard	Horto
Ripe	Madura
Sheep	Ovella
Shepherd	Pastor
Tractor	Tractor
Vegetable	Vexetal
Wheat	Trigo

Fashion
Moda

Boutique	Boutique
Buttons	Botóns
Clothing	Roupa
Comfortable	Cómodo
Elegant	Elegante
Embroidery	Bordado
Expensive	Caro
Fabric	Tecido
Lace	Rendas
Measurements	Medidas
Minimalist	Minimalista
Modern	Moderno
Modest	Modesto
Original	Orixinal
Pattern	Patrón
Simple	Simple
Sophisticated	Sofisticado
Style	Estilo
Texture	Textura
Trend	Tendencia

Flowers
Flores

Bouquet	Ramo
Calendula	Caléndula
Clover	Trévo
Daisy	Margarita
Dandelion	Dandelion
Gardenia	Gardenia
Hibiscus	Hibiscus
Jasmine	Xazmín
Lavender	Lavanda
Lilac	Lilás
Magnolia	Magnolia
Orchid	Orquídea
Passionflower	Maracujá
Peony	Peón
Petal	Pétalo
Poppy	Amapola
Rose	Rosa
Sunflower	Xirasol
Tulip	Tulipán

Food #1
Comida #1

Apricot	Albaricoque
Barley	Cebada
Basil	Albahaca
Carrot	Cenoria
Cinnamon	Canela
Garlic	Allo
Juice	Zume
Lemon	Limón
Milk	Leite
Onion	Cebola
Peanut	Cacahuete
Pear	Pera
Salad	Ensalada
Salt	Sal
Soup	Sopa
Spinach	Espinaca
Strawberry	Amorodo
Sugar	Azucre
Tuna	Atún
Turnip	Nabo

Food #2
Comida #2

Apple	Mazá
Artichoke	Alcachofa
Banana	Plátano
Broccoli	Brócolis
Celery	Apio
Cheese	Queixo
Cherry	Cereixa
Chicken	Polo
Chocolate	Chocolate
Egg	Ovo
Eggplant	Berenxena
Fish	Peixe
Grape	Uva
Ham	Xamón
Kiwi	Kiwi
Mushroom	Cogumelo
Rice	Arroz
Tomato	Tomate
Wheat	Trigo
Yogurt	Iogur

Fruit
Froita

Apple	Mazá
Apricot	Albaricoque
Avocado	Aguacate
Banana	Plátano
Berry	Baga
Cherry	Cereixa
Coconut	Coco
Grape	Uva
Guava	Goiaba
Kiwi	Kiwi
Lemon	Limón
Mango	Manga
Melon	Melón
Nectarine	Nectarina
Orange	Laranxa
Papaya	Mamá
Peach	Pexego
Pear	Pera
Pineapple	Ananás
Raspberry	Framboesa

Geography
Xeografía

Atlas	Atlas
City	Cidade
Continent	Continente
Country	País
Elevation	Elevación
Hemisphere	Hemisferio
Island	Illa
Latitude	Latitude
Map	Mapa
Meridian	Meridiano
Mountain	Montaña
North	Norte
Ocean	Océano
Region	Rexión
River	Río
Sea	Mar
South	Sur
Territory	Territorio
West	Oeste
World	Mundo

Geology
Xeoloxía

Acid	Ácido
Calcium	Calcio
Cavern	Cova
Continent	Continente
Coral	Coral
Crystals	Cristais
Cycles	Ciclos
Earthquake	Terremoto
Erosion	Erosión
Fossil	Fósil
Geyser	Géiser
Lava	Lava
Layer	Capa
Minerals	Minerais
Plateau	Meseta
Quartz	Cuarzo
Salt	Sal
Stalactite	Estalcita
Stone	Pedra
Volcano	Volcán

Geometry
Xeometría

Angle	Ángulo
Calculation	Cálculo
Circle	Círculo
Curve	Curva
Diameter	Diámetro
Dimension	Dimensión
Equation	Ecuación
Height	Altura
Horizontal	Horizontal
Logic	Lóxica
Mass	Misa
Median	Media
Number	Número
Parallel	Paralelo
Proportion	Proporción
Segment	Segmento
Surface	Superficie
Symmetry	Simetria
Theory	Teoría
Triangle	Triángulo

Government
Goberno

Citizenship	Cidadanía
Civil	Civil
Constitution	Constitución
Democracy	Democracia
Discussion	Discusión
District	Distrito
Equality	Igualdade
Independence	Independencia
Judicial	Xudicial
Justice	Xustiza
Law	Lei
Leader	Líder
Liberty	Liberdade
Monument	Monumento
Nation	Nación
Peaceful	Pacífico
Politics	Política
Speech	Fala
State	Estado
Symbol	Símbolo

Hair Types
Tipos de Cabelo

Bald	Calvo
Black	Negro
Blond	Louro
Brown	Marrón
Colored	Cor
Curls	Rizos
Curly	Rizado
Dry	Seco
Gray	Gris
Healthy	Saudable
Long	Longa
Shiny	Brillante
Short	Curto
Silver	Prata
Smooth	Liso
Soft	Suave
Thick	Groso
Thin	Fina
Wavy	Ondulado
White	Branco

Health and Wellness #1
De Saúde e Benestar #1

Active	Activo
Bacteria	Bacterias
Bones	Osos
Clinic	Clínica
Doctor	Doutor
Fracture	Fractura
Habit	Hábito
Height	Altura
Hormones	Hormonas
Hunger	Fame
Injury	Lesión
Medicine	Medicina
Muscles	Músculos
Pharmacy	Farmacia
Posture	Postura
Reflex	Reflexo
Skin	Pel
Therapy	Terapia
Treatment	Tratamento
Virus	Virus

Health and Wellness #2
De Saúde e Benestar #2

Allergy	Alerxia
Anatomy	Anatomía
Appetite	Apetito
Blood	Sangue
Calorie	Calor
Diet	Dieta
Disease	Enfermidade
Energy	Enerxía
Genetics	Xenética
Healthy	Saudable
Hospital	Hospital
Hygiene	Hixiene
Infection	Infección
Massage	Masaxe
Mood	Ánimo
Nutrition	Nutrición
Recovery	Recuperación
Stress	Estrés
Vitamin	Vitamina
Weight	Peso

Herbalism
Herboristería

Aromatic	Aromático
Basil	Albahaca
Beneficial	Beneficioso
Culinary	Cociña
Fennel	Fiuncho
Flavor	Sabor
Flower	Flor
Garden	Xardín
Garlic	Allo
Green	Verde
Ingredient	Ingrediente
Lavender	Lavanda
Marjoram	Manjerona
Mint	Menta
Oregano	Orégano
Parsley	Perexil
Plant	Planta
Rosemary	Romeu
Saffron	Azafrán
Tarragon	Tarragón

Hiking
Sendeirismo

Animals	Animais
Boots	Botas
Cliff	Penedo
Climate	Clima
Hazards	Riscos
Heavy	Pesado
Map	Mapa
Mosquitoes	Mosquitos
Mountain	Montaña
Nature	Natureza
Orientation	Orientación
Parks	Parques
Preparation	Preparación
Stones	Pedras
Sun	Sol
Tired	Canso
Water	Auga
Wild	Salvaxe

House
Casa

Attic	Faiado
Broom	Vasoira
Curtains	Cortinas
Door	Porta
Fence	Cerca
Fireplace	Lareira
Floor	Piso
Furniture	Mobiliario
Garage	Garaxe
Garden	Xardín
Keys	Claves
Kitchen	Cociña
Lamp	Lámpada
Library	Biblioteca
Mirror	Espello
Roof	Tellado
Room	Sala
Shower	Ducha
Wall	Muro
Window	Xanela

Human Body
Corpo Humano

Ankle	Nocello
Blood	Sangue
Bones	Osos
Brain	Cerebro
Chin	Queixo
Ear	Orella
Elbow	Cóbado
Face	Cara
Finger	Dedo
Hand	Man
Head	Xefe
Heart	Corazón
Jaw	Mandíbula
Knee	Xeonllo
Leg	Perna
Mouth	Boca
Neck	Pescozo
Nose	Nariz
Shoulder	Ombro
Skin	Pel

Insects
Insectos

Ant	Formiga
Aphid	Áfido
Bee	Abella
Beetle	Beetle
Butterfly	Bolboreta
Cicada	Cigarra
Cockroach	Barata
Dragonfly	Libélula
Flea	Pulga
Gnat	Gato
Grasshopper	Saltón
Ladybug	Joaninha
Larva	Larva
Mantis	Mantis
Mosquito	Mosquito
Moth	Traza
Termite	Termito
Wasp	Vespa
Worm	Verme

Jazz
Jazz

Album	Álbum
Applause	Aplausos
Artist	Artista
Composer	Compositor
Composition	Composición
Concert	Concerto
Emphasis	Énfase
Famous	Famoso
Favorites	Favoritos
Genre	Xénero
Improvisation	Improvisación
Music	Música
New	Novo
Old	Vello
Orchestra	Orquestra
Rhythm	Ritmo
Song	Canción
Style	Estilo
Talent	Talento
Technique	Técnica

Landscapes
Paisaxes

Beach	Praia
Cave	Cova
Cliff	Penedo
Desert	Deserto
Geyser	Géiser
Glacier	Glaciar
Hill	Outeiro
Iceberg	Iceberg
Island	Illa
Lake	Lago
Mountain	Montaña
Ocean	Océano
Peninsula	Península
River	Río
Sea	Mar
Swamp	Pantano
Tundra	Tundra
Valley	Val
Volcano	Volcán
Waterfall	Fervenza

Literature
Literatura

Analogy	Analoxía
Analysis	Análise
Anecdote	Anécdota
Author	Autor
Comparison	Comparación
Conclusion	Conclusión
Critique	Crítica
Description	Descrición
Dialogue	Diálogo
Fiction	Ficción
Metaphor	Metáfora
Novel	Novela
Opinion	Opinión
Poem	Poema
Poetic	Poética
Rhyme	Rima
Rhythm	Ritmo
Style	Estilo
Theme	Tema
Tragedy	Traxedia

Mammals
Mamíferos

Bear	Oso
Beaver	Castor
Bull	Touro
Cat	Gato
Coyote	Coyote
Dog	Can
Dolphin	Golfiño
Elephant	Elefante
Fox	Fox
Giraffe	Xirafa
Gorilla	Gorila
Horse	Cabalo
Kangaroo	Canguro
Lion	León
Monkey	Mono
Rabbit	Coello
Sheep	Ovella
Whale	Balea
Wolf	Lobo
Zebra	Cebra

Math
Matemáticas

Angles	Ángulos
Arithmetic	Aritmética
Decimal	Decimal
Diameter	Diámetro
Division	División
Equation	Ecuación
Exponent	Exponente
Fraction	Fracción
Geometry	Xeometría
Numbers	Números
Parallel	Paralelo
Parallelogram	Paralelogramo
Perimeter	Perímetro
Polygon	Polígono
Radius	Radio
Rectangle	Rectángulo
Square	Praza
Symmetry	Simetria
Triangle	Triángulo
Volume	Volume

Measurements
Medicións

Byte	Byte
Centimeter	Centímetro
Decimal	Decimal
Degree	Grao
Depth	Profundidade
Gram	Gram
Height	Altura
Inch	Pulgadas
Kilogram	Quilogramo
Kilometer	Quilómetro
Length	Lonxitude
Liter	Litro
Mass	Misa
Meter	Metro
Minute	Minuto
Ounce	Onza
Ton	Tonelada
Volume	Volume
Weight	Peso
Width	Ancho

Meditation
Meditación

Acceptance	Aceptación
Attention	Atención
Awake	Esperto
Breathing	Respiración
Calm	Calma
Clarity	Claridade
Emotions	Emocións
Gratitude	Gratitude
Habits	Hábitos
Happiness	Felicidade
Kindness	Bondade
Mental	Mental
Mind	Mente
Music	Música
Nature	Natureza
Peace	Paz
Perspective	Perspectiva
Silence	Silencio
Thoughts	Pensamentos
To Learn	Aprender

Music
Música

Album	Álbum
Ballad	Balada
Chorus	Coro
Classical	Clásico
Eclectic	Ecléctico
Harmonic	Harmónico
Harmony	Harmonía
Instrument	Instrumento
Lyrical	Lírico
Melody	Melodía
Microphone	Micrófono
Musical	Musical
Musician	Músico
Opera	Ópera
Poetic	Poética
Recording	Gravación
Rhythm	Ritmo
Rhythmic	Rítmica
Sing	Cantar
Singer	Cantante

Musical Instruments
Instrumentos Musicais

Banjo	Banjo
Bassoon	Fagote
Cello	Cello
Clarinet	Clarinete
Drum	Tambor
Flute	Frauta
Gong	Gong
Guitar	Guitarra
Harmonica	Gaita
Harp	Arpa
Mandolin	Bandolim
Oboe	Oboé
Percussion	Percusión
Piano	Piano
Saxophone	Saxofón
Tambourine	Pandeiro
Trombone	Trombón
Trumpet	Trompeta
Violin	Violín

Mythology
Mitoloxía

Archetype	Arquetipo
Behavior	Comportamento
Beliefs	Crenzas
Creation	Creación
Creature	Criatura
Culture	Cultura
Deities	Divindades
Disaster	Desastre
Heaven	O Ceo
Hero	Heroe
Immortality	Inmortalidade
Jealousy	Celos
Labyrinth	Labirinto
Legend	Lenda
Lightning	Raio
Monster	Monstro
Mortal	Mortal
Revenge	Vinganza
Thunder	Trobo
Warrior	Guerreiro

Nature
Natureza

Animals	Animais
Arctic	Ártico
Beauty	Beleza
Bees	Abellas
Clouds	Nubes
Desert	Deserto
Dynamic	Dinámica
Erosion	Erosión
Fog	Néboa
Foliage	Follada
Forest	Bosque
Glacier	Glaciar
Mountains	Montañas
Peaceful	Pacífico
River	Río
Serene	Sereno
Shelter	Abrigo
Tropical	Tropical
Vital	Vital
Wild	Salvaxe

Numbers
Números

Decimal	Decimal
Eight	Oito
Eighteen	Dezaoito
Fifteen	Quince
Five	Cinco
Four	Catro
Fourteen	Catorce
Nine	Nove
Nineteen	Dezanove
One	Un
Seven	Sete
Seventeen	Dezasete
Six	Seis
Sixteen	Dezaseis
Ten	Dez
Thirteen	Trece
Three	Tres
Twelve	Doce
Twenty	Vinte
Two	Dous

Nutrition
Nutrición

Appetite	Apetito
Balanced	Equilibrado
Bitter	Amargo
Calories	Calor
Diet	Dieta
Digestion	Dixestión
Edible	Comestible
Fermentation	Fermentación
Flavor	Sabor
Habits	Hábitos
Health	Saúde
Healthy	Saudable
Liquids	Líquidos
Nutrient	Nutriente
Proteins	Proteínas
Quality	Calidade
Sauce	Salsa
Toxin	Toxina
Vitamin	Vitamina
Weight	Peso

Ocean
Océano

Coral	Coral
Crab	Cangrexo
Dolphin	Golfiño
Eel	Anguia
Fish	Peixe
Jellyfish	Medusas
Octopus	Polbo
Oyster	Ostra
Reef	Arrecife
Salt	Sal
Seaweed	Algas
Shark	Tiburón
Shrimp	Cámara
Sponge	Esponxa
Storm	Tormenta
Tides	Mareas
Tuna	Atún
Turtle	Tartaruga
Waves	Ondas
Whale	Balea

Pets
Animais
Cat	Gato
Collar	Colo
Cow	Vaca
Dog	Can
Fish	Peixe
Food	Alimentos
Goat	Cabra
Hamster	Hámster
Kitten	Gatiño
Leash	Correa
Lizard	Lagarto
Mouse	Rato
Parrot	Papagaio
Paws	Patas
Puppy	Cachorro
Rabbit	Coello
Tail	Cola
Turtle	Tartaruga
Veterinarian	Veterinario
Water	Auga

Philanthropy
Filantropia
Challenges	Retos
Charity	Caridade
Children	Nenos
Community	Comunidade
Contacts	Contactos
Finance	Finanzas
Funds	Fondos
Generosity	Xenerosidade
Global	Global
Goals	Obxectivos
Groups	Grupos
History	Historia
Honesty	Honestidade
Humanity	Humanidade
Mission	Misión
People	Xente
Programs	Programas
Public	Público
Youth	Xuventude

Photography
Fotografía
Black	Negro
Camera	Cámara
Color	Cor
Composition	Composición
Contrast	Contraste
Darkness	Escuridade
Definition	Definición
Exhibition	Exposición
Format	Formato
Frame	Marco
Lighting	Iluminación
Object	Obxecto
Perspective	Perspectiva
Portrait	Retrato
Shadows	Sombras
Subject	Tema
Texture	Textura
Visual	Visual

Physics
Física
Acceleration	Aceleración
Atom	Átomo
Chaos	Caos
Chemical	Química
Density	Densidade
Electron	Electrón
Engine	Motor
Expansion	Expansión
Formula	Fórmula
Frequency	Frecuencia
Gas	Gas
Magnetism	Magnetismo
Mass	Misa
Mechanics	Mecánica
Molecule	Molécula
Nuclear	Nuclear
Particle	Partícula
Relativity	Relatividade
Universal	Universal
Velocity	Velocidade

Plants
Plantas
Bamboo	Bambú
Bean	Faba
Berry	Baga
Botany	Botánica
Bush	Bush
Cactus	Cacto
Fertilizer	Fertilizante
Flower	Flor
Foliage	Follada
Forest	Bosque
Garden	Xardín
Grass	Herba
Grow	Crecer
Ivy	Hedra
Moss	Musgo
Petal	Pétalo
Root	Raíz
Stem	Tamaño
Tree	Árbore
Vegetation	Vexetación

Politics
Política
Activist	Activista
Campaign	Campaña
Candidate	Candidato
Choice	Selección
Committee	Comité
Council	Consello
Equality	Igualdade
Ethics	Ética
Freedom	Liberdade
Government	Goberno
National	Nacional
Opinion	Opinión
Policy	Política
Politician	Político
Popularity	Popularidade
Strategy	Estratexia
Taxes	Impostos
Victory	Vitoria

Professions #1
Profesións #1

Ambassador	Embaixador
Astronomer	Astronomo
Attorney	Avogado
Banker	Banqueiro
Cartographer	Cartografo
Coach	Adestrador
Dancer	Bailarín
Doctor	Doutor
Editor	Editor
Geologist	Xeólogo
Hunter	Cazador
Jeweler	Xoieiro
Musician	Músico
Nurse	Enfermeira
Pianist	Pianista
Plumber	Fontaneiro
Psychologist	Psicólogo
Sailor	Mariñeiro
Tailor	A Medida
Veterinarian	Veterinario

Professions #2
Profesións #2

Astronaut	Astronauta
Biologist	Biólogo
Dentist	Dentista
Detective	Detectivo
Engineer	Enxeñeiro
Farmer	Agricultor
Gardener	Xardineiro
Illustrator	Ilustrador
Inventor	Inventor
Journalist	Xornalista
Librarian	Bibliotecario
Linguist	Lingüista
Painter	Pintor
Philosopher	Filósofo
Photographer	Fotógrafo
Physician	Médico
Pilot	Piloto
Surgeon	Ciruxiano
Teacher	Mestra
Zoologist	Zoólogo

Psychology
Psicoloxía

Appointment	Cita
Assessment	Avaliación
Behavior	Comportamento
Childhood	Infancia
Clinical	Clínica
Conflict	Conflito
Dreams	Soños
Ego	Ego
Emotions	Emocións
Ideas	Ideas
Influences	Influencias
Perception	Percepción
Personality	Personalidade
Problem	Problema
Reality	Realidade
Therapy	Terapia
Thoughts	Pensamentos
Unconscious	Inconsciente

Restaurant #1
Restaurante #1

Allergy	Alerxia
Bowl	Bolsa
Bread	Pan
Cashier	Cadro
Chicken	Polo
Coffee	Café
Dessert	Sobremesa
Food	Alimentos
Ingredients	Ingredientes
Kitchen	Cociña
Knife	Coitelo
Meat	Carne
Menu	Menú
Napkin	Pano
Plate	Prato
Reservation	Reserva
Sauce	Salsa
Spicy	Picante
Waitress	Camareira

Restaurant #2
Restaurante #2

Appetizer	Aperitivo
Beverage	Bebida
Cake	Bolo
Chair	Cadeira
Delicious	Delicioso
Dinner	Cea
Eggs	Ovos
Fish	Peixe
Fork	Garfo
Fruit	Froita
Ice	Xeo
Lunch	Xantar
Noodles	Pasta
Salad	Ensalada
Salt	Sal
Soup	Sopa
Spoon	Culler
Vegetables	Verduras
Waiter	Camareiro
Water	Auga

Science
Ciencia

Atom	Átomo
Chemical	Química
Climate	Clima
Evolution	Evolución
Experiment	Experimento
Fact	Feito
Fossil	Fósil
Gravity	Gravidade
Hypothesis	Hipótese
Laboratory	Laboratorio
Method	Método
Minerals	Minerais
Molecules	Moléculas
Nature	Natureza
Observation	Observación
Organism	Organismo
Particles	Partículas
Physics	Física
Plants	Plantas
Scientist	Científico

Science Fiction
Ciencia Ficción

Atomic	Atómica
Books	Libros
Chemicals	Químicos
Cinema	Cine
Distant	Distancia
Dystopia	Distopía
Explosion	Explosión
Extreme	Extremo
Fantastic	Esforzo
Fire	Lume
Futuristic	Futurista
Galaxy	Galaxia
Illusion	Ilusión
Imaginary	Imaxinario
Mysterious	Misterioso
Oracle	Oracle
Planet	Planeta
Technology	Tecnoloxía
Utopia	Utopía
World	Mundo

Scientific Disciplines
Disciplinas Científicas

Anatomy	Anatomía
Archaeology	Arqueoloxía
Astronomy	Astronomía
Biochemistry	Bioquímica
Biology	Bioloxía
Botany	Botánica
Chemistry	Química
Ecology	Ecoloxía
Geology	Xeoloxía
Immunology	Inmunoloxía
Kinesiology	Cinesioloxía
Linguistics	Lingüística
Mechanics	Mecánica
Mineralogy	Mineraloxía
Neurology	Neuroloxía
Physiology	Fisioloxía
Psychology	Psicoloxía
Sociology	Socioloxía
Thermodynamics	Termodinámica
Zoology	Zooloxía

Shapes
Formas

Arc	Arco
Circle	Círculo
Cone	Cono
Corner	Canto
Cube	Cubo
Curve	Curva
Cylinder	Cilindro
Edges	Bordes
Ellipse	Elipse
Hyperbola	Hipérbole
Line	Liña
Oval	Oval
Polygon	Polígono
Prism	Prisma
Pyramid	Pirámide
Rectangle	Rectángulo
Side	Lado
Sphere	Esfera
Square	Praza
Triangle	Triángulo

Spices
Especias

Anise	Anís
Bitter	Amargo
Cardamom	Planta
Cinnamon	Canela
Clove	Dente
Cumin	Comiño
Curry	Curry
Fennel	Fiuncho
Flavor	Sabor
Garlic	Allo
Ginger	Enxebre
Licorice	Alcaçuz
Nutmeg	Noz Moscada
Onion	Cebola
Paprika	Papirón
Pepper	Pimento
Saffron	Azafrán
Salt	Sal
Sweet	Doce
Vanilla	Vainilla

Sport
Deporte

Ability	Capacidade
Athlete	Atleta
Body	Corpo
Bones	Osos
Coach	Adestrador
Cycling	Ciclismo
Dancing	Baile
Diet	Dieta
Goal	Obxectivo
Health	Saúde
Jogging	Correr
Maximize	Maximizar
Metabolic	Metabólica
Muscles	Músculos
Nutrition	Nutrición
Program	Programa
Sports	Deportes
Strength	Forza

The Company
A Empresa

Business	Negocios
Creative	Creativo
Decision	Decisión
Employment	Emprego
Global	Global
Industry	Industria
Innovative	Innovadora
Investment	Investimento
Possibility	Posibilidade
Presentation	Presentación
Product	Produto
Progress	Progreso
Quality	Calidade
Reputation	Reputación
Resources	Recursos
Revenue	Ingresos
Risks	Riscos
Units	Unidades
Wages	Soldo

The Media
Os Medios de Comunicación

Commercial	Comercial
Communication	Comunicación
Digital	Dixital
Edition	Edición
Education	Educación
Facts	Feitos
Funding	Financiamento
Individual	Individuais
Industry	Industria
Intellectual	Intelectual
Local	Local
Magazines	Revistas
Network	Rede
Newspapers	Xornais
Online	En Liña
Opinion	Opinión
Photos	Fotos
Public	Público
Radio	Radio
Television	Televisión

Time
Tempo

Annual	Anual
Before	Antes
Calendar	Calendario
Century	Século
Clock	Reloxo
Day	Día
Decade	Década
Early	Tempo
Future	Futuro
Hour	Hora
Minute	Minuto
Month	Mes
Morning	Mañá
Night	Noite
Noon	Mediodía
Now	Agora
Soon	Pronto
Today	Hoxe
Week	Semana
Year	Ano

Town
Cidade

Airport	Aeroporto
Bakery	Panadería
Bank	Banco
Bookstore	Libreria
Cinema	Cine
Clinic	Clínica
Florist	Florista.
Gallery	Galería
Hotel	Hotel
Library	Biblioteca
Market	Mercado
Museum	Museo
Pharmacy	Farmacia
School	Escola
Stadium	Estadio
Store	Tenda
Supermarket	Supermercado
Theater	Teatro
University	Universidade
Zoo	Zoo

Universe
Universo

Asteroid	Asteroide
Astronomer	Astronomo
Astronomy	Astronomía
Atmosphere	Atmosfera
Celestial	Celeste
Cosmic	Cósmico
Darkness	Escuridade
Equator	Ecuador
Galaxy	Galaxia
Hemisphere	Hemisferio
Horizon	Horizonte
Latitude	Latitude
Longitude	Lonxitude
Moon	Lúa
Orbit	Órbita
Sky	Ceo
Solstice	Solsticio
Telescope	Telescopio
Tilt	Inclinar
Zodiac	Zodiaco

Vacation #2
Vacacións #2

Airport	Aeroporto
Beach	Praia
Destination	Destino
Foreign	Estranxeira
Foreigner	Estranxeiro
Holiday	Vacacións
Hotel	Hotel
Island	Illa
Journey	Viaxe
Leisure	Lecer
Map	Mapa
Mountains	Montañas
Passport	Pasaporte
Reservations	Reservas
Sea	Mar
Taxi	Taxi
Tent	Tenda
Train	Tren
Transportation	Transporte
Visa	Visto

Vegetables
Vexetais

Artichoke	Alcachofa
Broccoli	Brócolis
Carrot	Cenoria
Cauliflower	Coliflor
Celery	Apio
Cucumber	Pepiño
Eggplant	Berenxena
Garlic	Allo
Ginger	Enxebre
Mushroom	Cogumelo
Onion	Cebola
Parsley	Perexil
Pea	Ervilha
Pumpkin	Cabaza
Radish	Rabano
Salad	Ensalada
Shallot	Chaloña
Spinach	Espinaca
Tomato	Tomate
Turnip	Nabo

Vehicles
Vehículos

Airplane	Avión
Bicycle	Bicicleta
Boat	Barco
Car	Coche
Caravan	Caravana
Ferry	Balsa
Helicopter	Helicóptero
Motor	Motor
Rocket	Foguete
Scooter	Scooter
Shuttle	Transporte
Submarine	Submarino
Subway	Metro
Taxi	Taxi
Tires	Pneumáticos
Tractor	Tractor
Train	Tren
Truck	Camión
Van	Van

Visual Arts
Artes Visuais

Architecture	Arquitectura
Artist	Artista
Ceramics	Cerámica
Chalk	Xis
Charcoal	Carbón
Clay	Arxila
Composition	Composición
Creativity	Creatividade
Easel	Cabalete
Film	Película
Masterpiece	Obra Mestra
Painting	Pintura
Pen	Pluma
Pencil	Lápiz
Perspective	Perspectiva
Portrait	Retrato
Sculpture	Escultura
Varnish	Verniz
Wax	Cera

Water
Auga

Canal	Canle
Damp	Húmido
Evaporation	Evaporación
Flood	Inundación
Frost	Xeada
Geyser	Géiser
Hurricane	Furacán
Ice	Xeo
Irrigation	Rega
Lake	Lago
Moisture	Humidade
Monsoon	Monzón
Ocean	Océano
Rain	Chuvia
River	Río
Shower	Ducha
Snow	Neve
Steam	Vapor
Waves	Ondas

Weather
O Tempo

Atmosphere	Atmosfera
Breeze	Venta
Climate	Clima
Cloud	Nube
Drought	Seca
Dry	Seco
Fog	Néboa
Hurricane	Furacán
Ice	Xeo
Lightning	Raio
Monsoon	Monzón
Polar	Polar
Rainbow	Arco da Vella
Sky	Ceo
Storm	Tormenta
Temperature	Temperatura
Thunder	Trobo
Tornado	Tornado
Tropical	Tropical
Wind	Vento

Congratulations

You made it!

We hope you enjoyed this book as much as we enjoyed making it. We do our best to make high quality games.
These puzzles are designed in a clever way for you to learn actively while having fun!

Did you love them?

A Simple Request

Our books exist thanks your reviews. Could you help us by leaving one now?

Here is a short link which will take you to your order review page:

BestBooksActivity.com/Review50

MONSTER CHALLENGE!

Challenge #1

Ready for Your Bonus Game? We use them all the time but they are not so easy to find. Here are **Synonyms**!

Note 5 words you discovered in each of the Puzzles noted below (#21, #36, #76) and try to find 2 synonyms for each word.

Note 5 Words from *Puzzle 21*

Words	Synonym 1	Synonym 2

Note 5 Words from *Puzzle 36*

Words	Synonym 1	Synonym 2

Note 5 Words from *Puzzle 76*

Words	Synonym 1	Synonym 2

Challenge #2

Now that you are warmed-up, note 5 words you discovered in each Puzzle noted below (#9, #17, #25) and try to find 2 antonyms for each word.
How many lines can you do in 20 minutes?

Note 5 Words from **Puzzle 9**

Words	Antonym 1	Antonym 2

Note 5 Words from **Puzzle 17**

Words	Antonym 1	Antonym 2

Note 5 Words from **Puzzle 25**

Words	Antonym 1	Antonym 2

Challenge #3

Wonderful, this monster challenge is nothing to you!

Ready for the last one? Choose your 10 favorite words discovered in any of the Puzzles and note them below.

1.	6.
2.	7.
3.	8.
4.	9.
5.	10.

Now, using these words and within a maximum of six sentences, your challenge is to compose a text about a person, animal or place that you love!

Tip: You can use the last blank page of this book as a draft!

Your Writing:

Explore a Unique Store Set Up **FOR YOU!**

BestActivityBooks.com/TheStore

Designed for Entertainment!

Light Up Your Brain With Unique **Gift Ideas**.

Access **Surprising** And **Essential Supplies!**

CHECK OUT OUR MONTHLY SELECTION NOW!

- Expertly Crafted Products -

NOTEBOOK:

SEE YOU SOON!

Linguas Classics Team